军地联动应急指挥体系建设

何 明　牛彦杰　吕 欣　等著

国防工业出版社

·北京·

内 容 简 介

在军民融合深度发展的国家战略背景下,整合军地跨域资源的应急指挥体系建设尤为重要。为解决军地联动应急指挥协同不畅、机制不全、保障不完备等问题,本书从情景型预案体系、赋能型指挥体制、敏捷型力量体系、权威型法规体制、联合指挥平台、联合情报体系、融合通信网络体系、协同型训练体系、评估体系9个维度构建了军地联动应急指挥体系。同时,本书面向事故灾难、自然灾害、公共卫生3类突发事件,构建了应急指挥能力成熟度模型和军地联动应急指挥故障模型,并对典型案例进行分析。

本书适合军队和地方政府有关部门的领导干部,从事公共安全、应急管理、应急指挥领域的专家学者,以及所有关心我国军地联动应急指挥的读者阅读。

图书在版编目（CIP）数据

军地联动应急指挥体系建设/何明等著. —北京:
国防工业出版社,2025.7. —ISBN 978 – 7 – 118 – 13632 – 6

Ⅰ.D63

中国国家版本馆 CIP 数据核字第 2025E28E07 号

※

*国防工业出版社*出版发行

（北京市海淀区紫竹院南路23号　邮政编码100048）
北京凌奇印刷有限责任公司印刷
新华书店经售

*

开本 710 × 1000　1/16　印张 9½　字数 158 千字
2025 年 7 月第 1 版第 1 次印刷　印数 1—1500 册　定价 99.00 元

（本书如有印装错误,我社负责调换）

国防书店:（010）88540777　　书店传真:（010）88540776
发行业务:（010）88540717　　发行传真:（010）88540762

本书编写组

主　任：何　明
副主任：牛彦杰　吕　欣
成　员：刘　云　李功淼　洪　军
　　　　佘沛毅　王　勇　于爱荣

前　言

　　进入 21 世纪以来,世界范围内各种各样的突发事件频繁发生,给各国政府有效应对突发事件提出了越来越高的要求。我国自 2003 年抗击非典之后对公共安全和应急管理越加重视,国务院办公厅于 2005 年设置国务院应急管理办公室,承担应急管理工作,至 2018 年,国家新组建"应急管理部",进一步整合优化应急力量和资源,推动形成统一指挥、专常兼备、反应灵敏、上下联动、平战结合的中国特色应急管理机制。军队担负着遂行反恐维稳、国际维和、救援行动、抢险救灾等任务使命,这就需要创新非战争军事行动指挥控制的作战理论与前沿技术,强化军民融合科技成果的实战化应用。2025 年 2 月,中共中央、国务院印发了《国家突发事件总体应急预案》,再次明确指出要依法将军队应急专业力量纳入国家应急力量体系,作为应急处置与救援的突击力量。在军民融合深度发展的国家战略背景下,整合军地资源的应急指挥体系建设尤为重要。

　　编者参与了戴浩院士牵头承担的中国工程院重点咨询项目"军地联动应急指挥体系建设研究"。在研究过程中,恰逢国家组建"应急管理部"和军队编制体制改革的历史时机,在整合军地双方力量、构建符合我国特殊国情的军地联动应急指挥体系方面提供了战略咨询。编者遴选了事故灾难、自然灾害和公共卫生 3 类突发事件中的典型案例,从应急指挥组织与指挥关系、应急处置过程、应急指挥方式、应急指挥手段等不同侧面,分别剖析每类突发事件在应急指挥体系建设正反两方面的经验与教训;项目在案例分析的基础上,创造性地从情景型预案体系、协同型训练体系、赋能型指挥体制、敏捷型力量体系、权威型法规体制、联合指挥平台、联合情报体系、融合通信网络体系和评估体系等维度构建了军地联动应急指挥体系。

　　本书共分为 10 章。第 1 章为绪论,主要介绍了突发事件的定义及类型,阐述了突发事件应急管理的发展历程和存在的问题,给出军队参加突发事件应急处置的必要性和优势,从中外两方面展开军队参加应急处置的做法,最后提出军地联动应急指挥体系及其研究对象和构建原则。第 2 章分析了军地联动应急指挥建设面临的迫切需求,从预案与训练、体制与法制、机制与保障 3 大类 9 个方面构建军地联动应急指挥体系框架。第 3 章从预案与训练方面展开军地联动应急指挥体系，预案是提高应急指挥能力的基础，训练是提高应急指挥能力的具体手段。第4章从体制与法制方面展开军地联动应急指挥体系，主要包括赋能型指挥体制、敏捷型力量体系和权威型法规体制。第5章从机制与保障方面展开军地联动应急指挥体系，主要包括军地联动指挥平台、情报体系、应急通信网络体系和评估体系。第6章建立了应急指挥分析模型，从故障和成熟度两个方面进行阐述。第7章以天津港特别重大火灾爆炸事故和江苏响水"3·21"特别重大爆炸事故为例分析了事故灾难领域中的应急指挥。第8章以汶川特大地震和南方雨雪冰冻灾害为例分析了自然灾害领域中的应急指挥。第9章以非典疫情暴发为例分析了公共卫生领域中的应急指挥。第10章为加强军地联动应急指挥体系建设的思考与建议。

本书由何明、牛彦杰、吕欣、刘云、李功淼、洪军、余沛毅、王勇、于爱荣共同完成。本书能够出版，首先要感谢中国工程院重点咨询项目的支持，还要感谢课题组的其他成员何红悦、禹明刚、张永亮、刘鹏、许正忠等，本书的出版是大家努力的结果。

本书所有现实案例的内容及数据全部来源于公开信息。

虽然我们花了大量的时间和精力，但是书中错误及不足之处在所难免，恳请读者批评指正。

本书的出版得到中国工程院重点咨询研究项目(2017-XZ-05)、国家级高层次人才项目(2022-JCJQ-ZQ-001)和江苏省重点研发计划(BE2018754，BE2023809)等项目的支持，在此表示衷心的感谢。

何　明

2025年5月1日

目 录

第1章 绪论 ··· 1

1.1 突发事件 ·· 2
1.2 应急管理 ·· 3
1.2.1 抢险救灾专事专办 ··· 3
1.2.2 应急管理快速发展 ··· 4
1.2.3 应急管理体系形成 ··· 4
1.3 军队参加应急处置 ·· 5
1.3.1 军队参加应急处置的必要性 ····························· 5
1.3.2 国外发展现状 ·· 6
1.3.3 我国发展现状 ·· 9
1.4 军地联动应急指挥 ·· 10
1.4.1 基本概念 ·· 10
1.4.2 军地联动应急指挥体系建立的原则 ···················· 11
1.5 小结 ·· 12

第2章 军地联动应急指挥体系 ······································· 13

2.1 军地联动应急指挥建设需求 ···································· 13
2.2 军地联动应急指挥体系框架 ···································· 19
2.2.1 预案与训练 ··· 19
2.2.2 体制与法制 ··· 20
2.2.3 机制与保障 ··· 21
2.3 小结 ·· 23

第3章 预案与训练 ··· 24

3.1 预案 ·· 24

3.1.1　完善预案体系 ································· 24
　　3.1.2　细化预案内容 ································· 26
　　3.1.3　规范预案制定 ································· 27
　　3.1.4　加强预案推演 ································· 28
　　3.1.5　发展智能决策 ································· 28
3.2　训练 ·· 29
　　3.2.1　确定训练核心 ································· 30
　　3.2.2　设计训练内容 ································· 31
　　3.2.3　强化训练方法 ································· 33
　　3.2.4　构建评估模型 ································· 35
　　3.2.5　提高训练效果 ································· 36
3.3　小结 ·· 38

第4章　体制与法制 ······································ 39

4.1　指挥体制 ·· 39
　　4.1.1　军地联动应急指挥组织体系 ······················· 40
　　4.1.2　明确指挥主体 ·································· 42
　　4.1.3　规范指挥关系 ·································· 46
　　4.1.4　军地联动应急指挥机制 ·························· 49
4.2　力量体系 ·· 50
　　4.2.1　地方专有力量 ·································· 51
　　4.2.2　地方过渡力量 ·································· 52
　　4.2.3　军队常备力量 ·································· 53
　　4.2.4　军队通用力量 ·································· 54
　　4.2.5　建设专业化力量体系 ···························· 55
4.3　法规体制 ·· 56
　　4.3.1　确立军地联动应急指挥适用法规 ··················· 57
　　4.3.2　确立军地联动应急指挥权责法规 ··················· 57
　　4.3.3　确立军地联动应急指挥关系法规 ··················· 58
　　4.3.4　确立军地联动应急指挥配套法规 ··················· 58
4.4　小结 ·· 59

第 5 章　机制与保障 ································ 60

5.1　应急指挥平台 ································ 60
5.1.1　平台建设目标 ································ 61
5.1.2　平台体系架构 ································ 61
5.2　情报体系 ································ 64
5.2.1　成立情报中心 ································ 65
5.2.2　完善情报网络 ································ 66
5.2.3　健全情报机制 ································ 67
5.2.4　发展情报手段 ································ 67
5.2.5　规范情报活动 ································ 68
5.3　应急通信网络体系 ································ 69
5.3.1　扩大应急通信手段覆盖面 ································ 69
5.3.2　发展低轨卫星星座网络 ································ 71
5.3.3　提升无人信息采集能力 ································ 72
5.3.4　加强应急指挥通信关键技术研究 ································ 73
5.4　应急指挥评估体系 ································ 76
5.4.1　应急指挥评估机制 ································ 76
5.4.2　评估过程 ································ 76
5.4.3　评估指标 ································ 77
5.5　小结 ································ 78

第 6 章　军地联动应急指挥分析模型 ································ 79

6.1　故障模型 ································ 79
6.2　成熟度模型 ································ 80
6.3　小结 ································ 82

第 7 章　事故灾难领域中的应急指挥 ································ 84

7.1　安全事故应急指挥概述 ································ 84
7.2　天津港"8·12"特别重大火灾爆炸事故 ································ 85
7.2.1　案例描述 ································ 85

- 7.2.2 案例分析 ... 86
- 7.2.3 成熟度分析 ... 90
- 7.2.4 经验与教训 ... 91
- 7.3 江苏响水"3·21"特别重大爆炸事故 ... 94
  - 7.3.1 案例描述 ... 94
  - 7.3.2 案例分析 ... 96
  - 7.3.3 成熟度分析 ... 98
  - 7.3.4 经验与教训 ... 98
- 7.4 面向事故灾难救援的消防应急指挥系统 ... 99
  - 7.4.1 消防救援应急指挥系统架构 ... 99
  - 7.4.2 消防救援应急指挥 App ... 101
  - 7.4.3 消防设施可视化软件 ... 102
- 7.5 小结 ... 103

第8章 自然灾害领域中的应急指挥 ... 104

- 8.1 自然灾害领域应急指挥概述 ... 104
- 8.2 "5·12"汶川特大地震突发事件 ... 105
  - 8.2.1 案例描述 ... 105
  - 8.2.2 案例分析 ... 105
  - 8.2.3 成熟度分析 ... 112
  - 8.2.4 经验与教训 ... 114
- 8.3 2008年南方雨雪冰冻灾害突发事件 ... 116
  - 8.3.1 案例描述 ... 116
  - 8.3.2 案例分析 ... 117
  - 8.3.3 成熟度分析 ... 122
  - 8.3.4 经验与教训 ... 124
- 8.4 小结 ... 126

第9章 公共卫生领域中的应急指挥 ... 127

- 9.1 公共卫生领域应急指挥概述 ... 127
- 9.2 SARS非典型肺炎疫情暴发 ... 128

  9.2.1 案例描述 …………………………………………… 128
  9.2.2 非典型肺炎危机的应对过程 …………………………… 128
  9.2.3 非典型肺炎危机的经验和教训 ………………………… 129
 9.3 小结 ……………………………………………………… 130

第 10 章 思考与建议 …………………………………………… 132

 10.1 加强军地联动应急指挥体系建设的思考 ……………… 132
 10.2 加强军地联动应急指挥体系建设的建议 ……………… 133

参考文献 ……………………………………………………………… 135

第 1 章 绪 论

目前,我国突发事件依然呈现频发多发、规模大、持续时间长的总体严峻态势,极端天气引发的自然灾害、安全生产中的事故灾难等突发事件呈现出快速增长势头,快速传播的疫情对政府应急管理提出诸多挑战,政府职能部门应对突发事件的能力日益受到考验。突发事件的应对与处置,已经成为世界各国,特别是当前我国经济社会转型期国家安全领域亟待解决的现实课题。

形势决定任务,任务牵引建设。2018 年,国家成立应急管理部标志着我国开始体系化推进突发事件应急指挥建设工作,旨在整合多方力量、理顺应急管理职能,以有力有序的体制机制与方法举措应对各类突发事件。新时代赋予了应急管理部新的职能与使命,即调整优化应急资源与应急力量,形成"上下联动、统一指挥、反应灵敏、专常兼备、平战结合"的新型应急管理机制。

然而,发生重特大突发事件时,仅依靠地方政府力量实施应急救援任务已经很难有效、及时地加以应对。军队使命任务包括反恐维稳、救援行动、抢险救灾等,是应急行动的重要组成力量。

在这样的国家战略背景下,整合军地资源的应急指挥体系建设尤为重要。通过聚合军地力量、统合军地资源、融合军地优势,实现军地联合应对突发事件,以有效提升突发事件的应急处置效率。

因此,在军民融合发展战略的框架下,需有效整合军地双方的资源和力量,以构建符合我国国情的军地联动应急指挥体系。通过军地联动应急指挥体系建设,军地双方能够在紧急状态下合理编组党、政、军、警、民等各种力量,科学调配军地双方的资源,实现军地双方优势互补,以整体效益最大化为目标,最大限度地提高应对突发事件的能力,为国家应急管理体系建设提供支持。

本书面向军地联动应急指挥体系建设,构建适应当前我国新体制下的军地联动应急指挥体系理论,为开展面向突发事件的应急救援行动提供理论支撑与方法指导。

1.1 突发事件

我国正在从工业社会向后工业社会转变,各类常规与非常规突发事件共同存在。2003年以来,每年因突发事件造成的直接经济损失超过数千亿元,并带来了巨大的人员伤亡。数据表明,我国各类突发事件呈现上升发展趋势,已进入突发事件的高危期。而在国家成立应急管理部后,各类突发事件数量呈下降趋势,《"十四五"国家应急体系规划》表明,2020年全国各类事故、较大事故和重特大事故起数比2015年分别下降43.3%、36.1%和57.9%,死亡人数分别下降38.8%、37.3%和65.9%。

目前,对于突发事件有多种定义,一般而言,突发事件具有突然性,很难提前加以预测,且影响范围较广。突发事件是一种必须立刻做出关键决策来加以解决的事件,往往会对社会造成威胁,危害其价值观组成与行为准则体系。在突发事件应急处置过程中,较高的不确定性和紧迫的时间压力都是对组织造成损害的重要因素。因此,在应急处置过程中,决策者必须在事件不确定程度高、实时变化快的压力下,在短时间内做出及时、准确的决策并付诸实践处置措施。一般将突发事件定义为在社会运行过程中的危机性事件,既包括由于人为因素所引发的公共安全事件,也包括由于自然因素触发的、影响社会正常秩序的自然灾害事件。

《国家突发事件总体应急预案》将突发事件定义为"突发公共事件是指突然发生,造成或者可能造成重大人员伤亡、财产损失、生态环境破坏和严重社会危害,危及公共安全的紧急事件。"

本书采用《中华人民共和国突发事件应对法》的定义,"突发事件是指突然发生,造成或者可能造成严重社会危害,需要采取应急处置措施予以应对的自然灾害、事故灾难、公共卫生事件和社会安全事件。"按照危害程度,将突发事件分为特别重大、重大、较大和一般4个级别,分别用Ⅰ级(特别重大)、Ⅱ级(重大)、Ⅲ级(较大)、Ⅳ级(一般)表示。从影响范围、参与力量主体、资源需求、时效性和联动指挥等方面对各类突发事件进行分析,如表1-1所列。

表1-1 突发事件分类及特点

类别	影响范围	参与主体	资源需求	时效性	联动指挥
自然灾害	大	政府主导社会参与	广泛	紧急响应,延续时间长	地方为主,军队为辅
事故灾难	局部	以专业救援队为主	集中	紧急响应,延续时间较短	地方为主,军队参与

续表

类别	影响范围	参与主体	资源需求	时效性	联动指挥
公共卫生	大	军地所有力量	极大	有潜伏期,延续时间长	军地联动
社会安全	较大	军警为主	C4KISR	延续时间短全程实时性要求高	非战争军事行动

从应对级别来说,一般事件或较大事件主要由地方应急管理部门负责;对于特别重大和重大突发事件,军队作为应对突发事件的战略力量和突击力量,常常战斗在急难险重任务的一线。因此,军地联动应急指挥体系建设的研究对象主要为重大和特别重大突发事件。

突发事件的应急处置具有任务复杂、过程不确定、时间紧迫、联合性强等特点,若不能及时应急响应并有效管控,势必造成巨大危害。

1.2 应急管理

突发事件应急处置是应急管理工作的重要范畴。应急管理贯穿在突发事件的事前、事发、事中和事后全过程中,包括建立应对机制和处置措施,需采用恰当的技术手段和科学方法,通过合理的规划与管理,以快速消减突发事件产生的后果。一般而言,事前重点关注情报共享、制定预案、训练演练和监测预警;事发重点关注建立应急组织、明确指挥关系、启动应急响应;事中重点关注处置救援过程中的态势感知、研判决策、计划制定和组织协同;事后重点关注恢复重建、总结经验教训和加强完善保障设施等。随着科学技术的发展和机制的完善,我国应急管理经历了从专到全的发展过程。

1.2.1 抢险救灾专事专办

从20世纪70年代中后期到2003年,应急管理主要面向自然灾害,研究集中在对地震、洪水、干旱、泥石流等单一灾种的灾害专项管理。针对地震、洪涝、干旱等自然灾害,学术界主要研究单一灾害、区域灾害、灾害理论和减灾对策,很少对应急管理的一般性规律进行综合性研究。以"应急管理"为关键字对公开发表的期刊进行检索,多数是以某一专项部门针对某种具体灾害如何进行管理的研究工作成果。

该阶段主要采取"专事专办"的应急管理机制,即针对不同类型的突发事件由相对应的职能机构或部门负责。具体来说,火灾事故由消防部门负责救援,自然突发灾害如洪水、泥石流等由民政部门负责,公共卫生事件如突发疫情和传染病等由卫生部门负责。应急管理相关职责分散在数十个不同的政府职能部门,相互之间的沟通协调成本很高。

1.2.2 应急管理快速发展

2003年"非典"事件为我国应急管理工作敲响了警钟,包括公共卫生在内的突发事件应急处置暴露出短板和薄弱点。战胜非典后,各级政府意识到加强应急管理的紧迫性。政府加强了危机管理的研究,涌现出大批有价值的研究成果,包括地方政府突发公共事件应急管理职能、应急管理系统构建、应急管理策略等,应急管理体系开始形成并得到快速发展。

在制度保障方面,一系列有约束力的法规制度陆续颁发。2006年,《国家突发公共事件总体应急预案》颁发,这标志着我国应急预案体系开始形成,并逐步完善。对于突发公共事件,国家逐步建立起统一领导、分级负责、属地管理的应急管理体系。2007年,《中华人民共和国突发事件应对法》实施,明确了突发事件的事前预防、监测与预警、事发应对、事中处置与救援、事后恢复与重建等事项的法律依据,应急管理工作有法可依。

在实践应用方面,破除"专事专办"的体制障碍,开始建立综合性应急管理体系,国家、省、市、县(区)各级陆续成立应急办。2008年,南方雨雪灾害、汶川特大地震等重大突发事件,引发社会广泛关注,应急管理遭受巨大挑战。总结重特大突发事件应急管理中的经验和教训,我国逐步形成了"一案三制"的应急管理体系。"一案"是指应急预案,即根据发生和可能发生的突发事件,提前研究制订的响应计划和方案;"三制"是指应急管理工作中的管理体制、运行机制和法律制度,并将突发事件分为四类四级。

在该阶段,应急管理体系初步建成,但是依然存在着问题。预防意识薄弱,政府和公众没有建立起危机预防观念;预警和监控系统不完善,对于危机发生的预测和判断、可能产生的负面影响等预警方面存在缺失;应急协同联动机制不健全,各部门横向职责不明确,部门之间的协调、合作、联动不畅通;社会参与机制不健全,公众的自救和互救能力不足,非政府组织和志愿者参与救援工作的管理存在混乱。

1.2.3 应急管理体系形成

针对应急协同联动机制不健全的问题,国家大力推进资源和管理机构的整合。2018年成立应急管理部,将国家安全生产监督管理总局、国务院办公厅、公安部、民政部、国土资源部、水利部、农业部、林业局、地震局、国家防汛抗旱总指挥部、国家减灾委员会、国务院抗震救灾指挥部、国家森林防火指挥部等担负应急管理职能的部门统合起来,将分布在多个管理部门的消防管理、救灾、地质灾害防治、水旱灾害防治、草原防火、森林防火、震灾应急救援等职责进行整合。除此之外,应急管理部还包括转制后的消防部队、武警森林部队,与安全生产等应急救援队伍组成常备应急骨干力量。

根据应急管理部的组成,其目的就是整合和优化应急力量和资源,承担国家重特大突发事件指挥部工作,降低重特大突发事件安全风险。随后,各省相继成立应急管理部门,应急管理体系初步形成。按照分级负责的原则,地方各级政府处置一般性灾害,应急管理部响应地方政府的需求并提供支援;发生特别重大灾害时,应急管理部作为指挥部组织应急处置工作,统一调配资源,确保指挥的有效性。应急管理部也要明确与其他单位的职责分工,建立起协同联动机制。

学术界开始重视应急管理的理论与技术的发展,研究应急管理的一般规律和运行机制,国家自然科学基金、国家社会科学基金、国家重点研发计划等增加了对公共安全和应急管理的资助力度,包括大数据分析决策、非常规突发事件应急管理、国家安全风险管理等方面。

在制度保障方面,多部国家层面的法规制度陆续修订。2024年6月28日修订《中华人民共和国突发事件应对法》,并自2024年11月1日起施行。2025年修订《国家突发事件总体应急预案》,原《国家突发公共事件应急预案》废止。

在这一阶段,应急管理体系从形式上完成建设,但是应急管理各部门内部的沟通协调机制还处于磨合过程,应急管理部门与其他单位之间的协同机制尚需构建和完善。

突发事件的处理和处置一般由地方政府负责,由于突发事件的突然性和造成危害的不可预测性,使得其影响超出了地方政府处理的能力范围,当地方政府无法妥善解决和消除突发事件的影响和危害时,便需要引入军队这一特殊力量来解决。

1.3　军队参加应急处置

1.3.1　军队参加应急处置的必要性

1. 非常规突发事件的处置需求

需要军队参与的突发事件一般具备以下特点。

（1）突发性强，反恐、维稳、处突、抢险救灾等突发事件，往往具有突然性，时间、地点和方式都存在不确定性。

（2）指挥协同复杂，参加任务人员涉及范围广、指挥关系复杂、协调任务重。

（3）时间紧迫，处置突发事件必须争分夺秒，以最快速度遂行任务，需军地相关力量迅速出动、迅速到达现场，第一时间进行处置。

（4）资源需求量大，在非常短的时间内，需要大量的资源投入，地方政府人力、物力等资源存储和调配不足，需要军队支援。

2. 军队具备应急处突的优势

军队在突发事件应急处置过程中有很多优势。首先是纪律严明，军队是一个格外注重纪律性的组织，军令如山，讲究令行禁止。其次是严格训练，军队承担的非战争军事行动包括抢险救灾、反恐维稳等，并组建了相应的专业应急力量，具备处置突发事件的能力。最后是具备较为完善的供给能力，拥有大型装备和特种设备，有独立而高效的动员能力。军队在参与应急处置工作时，能充分发挥其在人员、队伍和装备等方面的独特优势，与地方力量互为补充、强强联合，实现应急救援的高效化。

1.3.2 国外发展现状

国外军队也普遍将军事力量运用于非战争行动。2004年，印度洋地震引发海啸，许多国家派出了军地联合救援队，展现了他们的军地联动应急能力。国外学术领域关于突发事件应急管理与指挥理论的研究，主要贯穿于危机管理和应急指挥系统（Incident Command Systems，ICS）研究之中。危机管理理论的代表性成果有巴顿的《组织危机管理》、罗森塔尔的《危机管理：应对灾害、暴乱与恐怖主义》，以及罗伯特·希斯的《危机管理》等。"9·11"事件后，西方加强了危机处置的研究，主要包括危机解决手段、危机形成背景、运行机制等，构成了较为成熟、实用的危机应对理论。应急指挥系统方面，国外应急管理的研究成果更为丰硕，美、日等国家充分利用科学技术，通过应急指挥系统进行应急管理。应急管理领域的发展趋势是人工智能、物联网、云计算、大数据等信息技术的广泛应用。

1. 联合国的军地联动应急处置

军地联动应急处置对联合国来说是一项非常重要的任务。联合国的军地联动应急处置包括预案、法制、体制、机制这4个方面，体现了军地联动应急管理的专业化。

预案方面主要有《联合国军民协调官现场工作手册》《联合国灾害评估与现场协调工作队现场工作手册》《国别指南》3项联合国文件,为应急处置行动提供了基础参照。这些文件对军地联动现场协调相关工作的流程和内容进行了详细的规范与分类,并依次落实于具体岗位之中,可操作性极强,让每位工作人员可以迅速领悟、快速完成。

法制方面主要有《在救灾中使用外国军事和民防资源准则》(《奥斯陆准则》)《在紧急复杂情况下使用军事和民防资源支持人道主义行动的准则》和《复杂紧急情况下的军民联合委员会准则》3项联合国文件,提供了应急处置行动的基本纲领。这些准则主要用于为应急状态下的具体工作流程提供基础指导,可实现对军事资源的高效应用。

在体制方面,军民联动办公室(简称 UN－CMCoord)作为联合国专门成立的、特定用于应对应急情况的工作组织,在协调人道主义救援过程发挥着重要作用。除此之外,联合国为处理联合救援工作成立了标准工作体系,其目的在于为各国联合进行重大灾难灾后救援提供辅助服务。联合国灾害评估与现场协调工作队主要负责参与特大灾害现场救援及处置工作,包括设立接待中心,指引各国救援队;建立现场协调中心,协调现场救援工作;调查、传播和共享灾情信息;向受灾国提供国际援助;指导与培训各国救援队等多项内容。

在机制方面,联合国有3个作用。

(1)促进实现信息共享,军队与地方政府可以就信息共享及时沟通与交流,并针对危机事件进行联动合作,共同构建预警系统。

(2)联合规划处置方案,协同评估灾情,提交相关报告,举行商谈会议,并且提供文本协议与实践工作培训。

(3)体现在协调行动这一方面,既包含经费的预算与支付事项,同样包括人力资源建设等其他方面的内容。

2. 北约的军地联动应急处置

北约在一些人道主义救援任务中也逐渐担负起越发重要的角色。当今世界变化迅速,北约成员国也逐渐面临来自各方面的突发事件的威胁,包含自然因素引发的危机事件和人为因素导致的社会安全事件,其中恐怖袭击多发,成为北约需要应对的重点。在此基础上,北约民事应急救援是作为处理应急状态的最基本行动,在收集信息、分析信息与共享信息等多方面都体现出重要作用。1998年,北约成员国部长会议把推动北约成员国发展应急灾害的国际联合救援能力作为重要突破领域。随后,北约陆续成立了相关工作机构,包括北约灾害应急协调中心与民事应急规划司等。成立这些协调中心,是为协调欧洲与大西洋区域的北约成员国、并同处理该域内的突发事件应急处置提供重要的机构性支持。

北约的联合体系建设主要体现在应急预案和应急演练这两方面。在预案方面，分准备阶段、应急阶段、队伍出动阶段、队伍返回阶段和队伍撤回阶段5个阶段，建立了应急响应的标准程度。在5个阶段的具体工作中，明确了详细的程序性操作模式，对于如何实现灾后评估、跨国组织的工作对接以及信息共享流程都进行了规范化的操作说明。在塔吉克斯坦突发洪灾和格鲁吉亚南部地震两例突发事件的救援过程中，北约的应急协调中心提供了重要帮助，其信息平台的实用性、快捷性与综合联动水平都得到了很好的检验。在应急演练方面，强调实战化训练。例如，北约灾害应急协调中心联合其成员国实施基于重大地震事实的相关实战演练，在事发国家发出国际援助请求后，来自北约及其成员国各大机构共同参加演练，为突发事件的救援提供指导并积累经验。

3. 欧洲国家的军地联动应急处置

欧洲国家之间的联系普遍比较密切，建立了多个军地协调联动机制，包括《关于进一步发展欧盟军地协调机制》《突发事件应急预案指导意见》等。为了协调军队的民事行动，欧洲成立了由38个成员国组成的军地协调联动机构。

为了从应急管理体制上解决军地间的协调配合问题，专门组建了民事保护部，该机构由军队和政府部门联合应急值守，联合应对突发事件。在突发事件发生后，统一协调军队和政府资源开展应急处置。

欧盟成员国均可以通过欧盟监测与信息中心进行联合应急行动，利用该中心的技术平台发布预警信息和援助请求信息，从而实现突发事件快速响应和多方联动。

4. 美国的军地联动应急处置

美国是因事建制国家，在灾后援建与联合协作方面也进行了较大努力。2004年，美国成立重建与安定协调办公室，其功能主要用于推动军队与政府协调联合行动，包括制定行动规划与募集所需资金这几方面。除此之外，《联合作战纲要》这一纲领性文件的出台，将救援行动进行了细致明确的规定，涵盖了联动救援工作在美国本土及海外领地的实施细则，并对南北方总部进行了职能区分，以确保全地域、全时段的应急处理工作能够得到有效供应。依法行动是美军参与处置地方突发事件的前提条件，为此，美军制定了一系列的法案。

美国通常派遣国民警卫队处置突发事件，这是一支具有本地区域属性的后备军事力量，由各州政府指挥。在紧急情况下，为了提高前线救援效率，国民警卫队可指挥联邦现役军队。相比于国民警卫队，现役军队具有更高效的组织协调能力和专业化程度,根据美国联邦法律,可与地方机构联动,提供应急支援功能。例如,2014年派遣3000名军人协助控制非洲埃博拉疫情,2020年新冠疫情防控中出动"仁慈"级医疗舰参与地方突发公共卫生事件处置等。

美国危机处理的典型经验包括建立常态机制与维持长期正常运行;完善信息实时核查、传播与共享;建立长期联合发展规划;同时,仍需注意现场组织的机动性和弹性。美军虽然是联邦突发事件应急处置的重要力量,但是依然存在着协调机制复杂、效率不高的问题。

5. 俄罗斯的军地联动应急处置

与其他国家、地区组织不同,俄罗斯在实行应急救援工作显示出独有的专业性特点。俄罗斯设立紧急情况部以提供专业的危机救援服务,由国家消防局、搜寻和救援局、民防部队和国家小型船只局4个基础部门组成。一般性突发事件可以由紧急情况部全权处理。当一般性突发事件迅速升级或者发生重大突发事件时,若需要军队介入,可以请求国防部或内务部队支持,以应对重大危机事件。

从以上各国或地区的应急处置流程,可以总结出国外军地联合处理突发事件流程的基本特点。

(1)普遍对救援行动十分重视,并广泛将非军方力量作为应急处理的重要行动主体,成立专门的军地协调机构用于强化军地之间的联络与沟通。

(2)从体制因素进行分析,应急救援行动愈发体现出专业化趋势,联合军队和政府部门组成专门处理机构,在非紧急状态下由常态机构进行实时监测。

(3)实时共享信息才能保障军地联动应急处置工作顺利实施,需建立常态化信息共享机制,在国外应急救援过程已有较为成熟的保障体系。

(4)联动方案的确立与保障工作的实施,成为各方履行自身责任的重要依据。

1.3.3 我国发展现状

军队是应对重特大突发事件中重要的突击力量,在抗洪抢险、地震救援、疫情防控等方面发挥着重要作用。

2006年3月4日,《中国人民解放军司令部条例》增加了"组织指挥处置突发事件"专章内容,首次明确了军队处置突发事件行动的概念和分类,规范了组织指挥突发事件行动的基本程序和内容方法等。同年11月14日颁布的《军队处置突发事件总体应急预案》,明确了处置突发事件行动是新形势下我军的使命任务之一,包括参与处置重大恐怖破坏事件、处置军事冲突突发事件、参加地方抢险救灾、协助地方维护社会稳定、参与处置突发公共安全事件5项基本任务。

任务牵引着部队建设的发展方向。21世纪初，军队建立了处置突发事件应急指挥机制，成立了处置突发事件领导小组，颁布《军队参加抢险救灾条例》，组建了抗洪抢险应急部队、地震灾害紧急救援队、海上应急搜救队、医疗防疫救援队等应急专业力量，加强了对应急任务的组织领导和管理。

《中华人民共和国国家安全法》提出："国家建立中央与地方之间、部门之间、军地之间以及地区之间关于国家安全的协同联动机制。"《中华人民共和国突发事件应对法》明确中国人民解放军、中国人民武装警察部队和民兵组织依法参加突发事件的应急救援和处置工作。应急管理部职能配置"第六条"也强调要衔接解放军和武警部队参与应急救援工作。可以看出，军队联合地方遂行突发事件应急救援任务，是军队职能使命任务拓展和国家安全、政府应急管理的必然选择。

军队与各级政府在应对特大突发事件的实践过程中，积累了经验，但是军地联动应急处置过程还存在诸多不足。例如，指挥机构设置上缺乏统一的协调体制，存在多头指挥重复指挥现象；国防动员体制未充分运用，应急力量使用不均衡，保障力度不到位；预案覆盖范围不够完备，预案运行不顺畅。不管是地方政府内部各职能部门之间的协调还是军地双方的协同都还存在不足，迫切需要建立灵活高效、反应敏捷、关系顺畅的军地联动应急指挥体系。

1.4　军地联动应急指挥

1.4.1　基本概念

1. 指挥

指挥源自军事术语，指的是军队组织指挥，即军队指挥员及其机关对所属部队的作战和其他军事行动进行的特殊的组织领导活动。现在的指挥概念已经泛化，广泛应用于社会各界的管理层面，表示上级对所属下级各种活动进行的组织领导活动。

2. 应急指挥

应急指挥是紧急情况下的指挥活动，具体而言，指的是上级或负责指挥的领导人员及其机构人员，在应急处理突发事件过程中，对其管辖的作业人员和物资资源进行的一系列动员、组织和调度等活动,一般更多地表现在军队组织的相关指挥活动中。

在我国应急管理体系中,应急指挥是在突发事件应急处置活动中,上级领导及其机关对所属下级的应急活动和应对突发事件进行的特殊的组织领导活动。

从狭义上看,应急指挥属于应急管理;从广义上看,应急指挥等同于应急管理。本文采用应急指挥的广义定义。

3. 军地联动应急指挥

军地联动应急指挥是突发事件应急处置过程中由军地双方共同参加的指挥活动,其研究对象一般为特别重大和重大突发事件,关键在于指挥与协同。

军地联动应急指挥体系是统筹军地两方资源,以体系系统的视角统筹突发事件应急指挥全流程涉及的各项建设工作,全面建设敏捷型的力量体系与情景型的预案体系,构建军地联动的应急指挥体制,搭建全域共享的情报体系,建立功能完备的联合指挥平台,发展军民融合的网信体系,构建平战衔接的军地联动训练体系等,从而为高效应对各类突发事件提供坚强有力的组织、制度、技术与智力保障。

1.4.2 军地联动应急指挥体系建立的原则

1. 资源共享

军队和地方政府作为两种功能不同的组织,各具有不同的优势。为了实现最大化效益和防止资源浪费,资源共享势在必行。首先要搭建资源共享平台,让双方对彼此的能力范围和日常活动都有了解,同时也保障了信息传递的通畅,避免阻隔。其次要实现人才和物资的互通。军队和地方是两套独立运行的体系,人才和物资的储备常常会彼此重叠,只有建立这样一套共享机制,才能避免资源的浪费。

2. 平战结合

对突发事件的应急处理本质上属于地方政府的责任范畴,军队只是起到辅助性作用,更多的还是为了满足国家作战的需求。因此,平战结合首先确保的是军队的独立性,不能因为配合地方政府而使得自身的职能无法履行。其次,平战结合更多的强调了非战时性,即在非战争状态下,以地方政府为中心,军队配合地方进行应急指挥;战时,应以军队作战目的为首要需求。平战结合强调军地双方的密切配合,在不断合作中优化应急指挥体系。

3. 统一指挥

军地联动的目的是整合不同的力量和资源，从而产生一加一大于二的效果，为此，只有实现一个统一的体系，明确责任分工和隶属关系，才能使命令有效地传达和贯彻。

1.5 小　结

本章首先对各类突发事件归纳其特点，分析了我国应急管理的发展历程，指出军队参加突发事件应急处置的必要性和优势，对联合国、北约、欧洲、美国、俄罗斯和我国军队力量参加应急处置的情况进行阐述，明确了军地联动应急指挥体系的研究对象和构建原则。后续章节将逐步展开军地联动应急指挥体系的建设内容。

第2章 军地联动应急指挥体系

军队和地方政府为了应对突发事件,联合进行的指挥活动都可以被定义为军地联动应急指挥活动,应急指挥体系就是为了有效处理突发事件,围绕着指挥活动组建的指挥体系。我国于2006年专门设立了应急管理工作体系,但是一方面突发事件状态下的指挥工作与协调工作,很大程度上区别于传统的组织指挥体系,另一方面包含了军队力量参与的应急管理过程,也与军队应对的传统战斗行动区别很大。因此,建立军地联动应急指挥体系,成为军地联动建设的首要工作内容。需求驱动着建设方向,本章在梳理分析三大类应急突发事件典型案例的基础上,提出军地联动应急指挥建设面临的问题和需求,对应于需求,从三大类9个方面构建军地联动应急指挥体系框架。

2.1 军地联动应急指挥建设需求

从我国近年来军地联动处置重大突发事件看,在行动过程中,军队与地方部门的协同指挥及联合行动等方面存在着诸多问题,限制了军地联动应急力量的发挥。本着以事实为依据的原则,选取三类突发事件典型案例进行分析,如表2-1所列。

表2-1 典型案例

序号	类型	名称
1	自然灾害	"5·12"汶川特大地震突发事件
2	自然灾害	2008年南方雨雪冰冻灾害突发事件
3	自然灾害	甘肃舟曲"8·8"特大山洪泥石流灾害
4	自然灾害	美军参与加勒比飓风应急救援
5	事故灾难	山东青岛"11·22"中石化爆炸特别重大事故
6	事故灾难	"7·23"甬温线特别重大铁路交通事故
7	事故灾难	"8·12"天津港特大火灾爆炸事故
8	事故灾难	江苏响水"3·21"特别重大爆炸事故
9	公共卫生	SARS非典型肺炎疫情

典型案例的选择原则是军地联动处置特点鲜明,具有典型意义;优先选择近期发生的、时效性高的事件;在政治、经济、社会、舆情等方面影响较大的事件;尽量涵盖多类应急突发事件,包括国外的突发事件。分析典型案例的指导思想是不以查找原因、追究责任为目的,重在总结处置过程的经验教训;对于较久远的事件以吸取教训为主,近期的事件以总结经验为主。在梳理总结国内外三类典型突发事件过程的基础上,从9个方面阐述当前军地联动应急指挥建设面临的问题和迫切需求。

1. 应急指挥预案

由于突发事件的突然性和紧迫性,在处置该类事件时,需要快速做出相关决策并迅速行动,因此需要相关预案支持。科学的应急预案是快速、高效处置突发事件的基本依据,对预案的实战化程度要求很高。但是,一方面,由于突发事件的不确定性和不可预测性,导致预案难以实战化;另一方面,平时相关预案制定的滞后,也造成了预案无法有效支持快速高效处置突发事件。究其原因,既有当前军地联动应急指挥体制机制不规范的客观问题,也有部分政府职能部门职能缺位、不作为的主观问题。

(1) 缺乏完善的军地联动应急救援预案与响应规范。目前,大多数应急事件处置是事件发生后才采取相应的行动,没有事前预防的机制,仍然沿用"重救轻防"的处置理念,造成了应急预案的被动性,影响了应急预案的可行性和科学性。我国多数地方应急预案均由政府职能部门制定,基本未考虑军队介入因素,因而,在应急指挥机构上无军方指挥要求,应急救援力量上没有将军队作为重要救援力量之一。

(2) 军地联动应急预案建设滞后,缺乏实战化检验与评估。一是应急预案未充分体现应急准备。现有预案一般没有从最坏的情况出发,对可能发生突发事件的严重性往往考虑不足,也未结合实际提出合理、适度的应急需求。二是应急预案体系结构有待改进完善。现有预案一般依托政府各职能部门,但处置突发事件不仅仅需要单个部门,需要各部门综合处置,因此,预案要能体现不同部门之间的协调及连贯。三是应急预案的标准有待提高。目前,有些预案核心要素不齐全,预案内容不完备,没有明确区分突发事件的事前、事发、事中、事后4个阶段,也没有明确指出谁来做、怎样做、做什么、何时做、用什么资源做等问题。

2. 应急指挥训练

应急指挥训练体系尚未建立,各级指挥机构的应急处置能力难以满足急需。军地联动应急指挥需要军队和地方多个部门的参与,涉及多个专业领域,要求各级指挥员具备较高的综合能力。没有平时的严格训练和充分协同,就无法确保指挥有序,各单位行动无法协调一致,甚至会发生部门越多,指挥越乱、行动越糟的现象,严重影响相关应急处置行动效率。

(1)指挥员指挥能力欠缺。在某些突发事件应急处置过程中,出现指挥员遇到问题不知如何处置的情况。例如,有的指挥员对党的民族、宗教政策等学习掌握不够,说服教育能力不足,处理矛盾问题缺乏科学性和灵活性,在一定程度上影响了行动效率;有的指挥员不知道总指挥是谁,对于如何组织指挥问题不了解情况,没有协同意识。

(2)军地联动应急演练不足。演练是按照实战要求组织实施连贯训练,找出问题和短板,在日常建设中加以改进,提升各力量之间的协调配合能力,满足应急处置快速反应需要。分析典型案例处置过程中暴露的问题,反映出平时军地联动应急演练存在很大不足,甚至有的地方未曾组织过演练。平时军地联动演练少,针对性不强,突发事件应急指挥行动中出现军地联动指挥"联"得不紧、"合"得不够等突出问题。

3. 应急指挥体制

应急指挥体制亟待加强,军地联动耦合增效不易保证。平时,军地联动应急指挥能力建设重视不够,在面临重大灾难救援时指挥能力就会不足,突出表现在全方位信息共享不够、应急救援反应速度较为迟缓、军地双方缺乏有效的协调、应急指挥响应不及时、应急指挥关系不顺畅等方面。

(1)军地联动应急指挥响应不及时,指挥行动效率不高。军地联动应急指挥,只有备在平时,才能赢在"用"时。军队内部自上而下的指挥链路顺畅,但是与地方政府部门之间的指挥链路有断层,军队各级与政府有关部门没有建立专项应急指挥信息系统和信息交流长效机制。

(2)军地联动应急指挥机制尚不健全,增加了应急救援指挥的复杂程度。科学的体制机制是联动应急指挥的根本,尽管军队改革后建立了军委—战区—任务部队的指挥体制,并且突出军委管总、战区主战的特点,但是在应对重大灾难灾害的应急指挥方面,往往战区能够调动和使用的资源不能满足救灾要求。目前,国家组建了应急管理部,但在出现地震、海啸、重特大事故灾难时,必然会动用军队的救援力量,需要根据任务将军队指挥融入地方政府指挥体系,进一步抓紧完善军地联动应急指挥机制。

(3)军地联动应急指挥关系不顺畅,指挥效能得不到充分发挥。应急处置过程中表现出的军地联动指挥关系不顺等问题,主要是对指挥职责和权限的认识不清晰、划分不明确、执行不严格。一是要理清地方党委统一领导与军队按建制实施指挥的关系;二是要按照应急救援的特点和要求灵活界定指挥权限、时机与方式;三是要处理好指挥员之间的职务和级别不对等的问题,顺畅指挥过程。

4. 应急指挥力量

军地联动应急指挥涉及的救援力量涵盖多个专业领域。应急指挥机构职能交叉,军地联动力量使用缺乏协同。

(1)力量建设不统一。突发事件具有很强的延展性与扩散性,凭任何一个行业、任何一个部门都难以预防和应对。为此,必须打破部门之间的隔阂、行业之间的界限,统一协调多个部门之间的力量,联合行动,协同处置。在国家进行大部门制改革的背景下,整合相关部委的应急职能机构,成立一个综合性的应急管理部门。

(2)专业水平不高。军地联动应急指挥处置行动面临的主要是重特大突发事件,需要的救援人员数量多,大量未受过专业训练的人员投入救援,同时,由于事件的突发性,很多救援力量都是临危受命,造成救援人员心理准备不足。特别是在重大灾害、爆炸防控等专业性、危险性较大的行动时,这些问题体现尤为明显,严重影响了救援效果。

(3)力量使用不顺畅。应急突发事件的指挥协同主要通过协调会议的形式,以任务为主要依据来协调各种救援力量之间的行动,协同方式、协同制度、协同动作以及协同失调时的恢复措施没有具体明确,以致部分力量展开时不能保证按时到位,一些指令不能很好地贯彻落实。在应对突发事件的过程中,社会力量发挥了重要的作用,但我国应急指挥的社会力量仍需要进一步增强。在应急处置过程中,相关企业、组织和个人具有一定的救援能力,由于社会力量参与应急处置行动的渠道不畅,无法充分发挥其救援潜力。因此,迫切需要完善军地应急指挥协同制度,明确军队、政府、企业和其他社会力量在突发事件应急处置中的角色和职责定位,并形成稳固的应急合作关系,在统一指挥下,制定相关应急预案,配置应急资源,开展应急演练。

5. 应急指挥法制

名正则言顺,机制的顺利执行需要法规制度的规范与约束,应急指挥法规制度不完善导致力量资源整合利用不够。

(1)面对突发事件的军地联动指挥法规不健全。军队、武警和地方党政部门的配合总体上是有效的,但是也存在军地"接口"不顺畅,甚至"合不起来"的问题。《中华人民共和国突发事件应对法》自 2007 年颁发后于 2024 年进行修订,各地方、各行业、各部门应结合实际情况,完善优化的地方法规或制订相关配套制度,特别是有关应急救援队伍、应急物资、应急避难场所等方面的制度,以使这部法律具有更强的实用性和可操作性。

(2)军地协同制度有待进一步完善。军队和地方政府应针对可能的突发事件情况,规定军地双方各自的职责,从法制的角度明确军队介入的时机和方式,完善军地指挥联系制度、商议制度和报告制度,提高军地联动指挥能力。

(3)各行业、部门、地区之间的协调联动制度空缺。在突发事件应急处置过程中,需要不同地域的相关部门之间相互协同、调配资源,并将协同关系和方式手段制度化。因此,要打破地域和部门的界限,综合考虑地域特点、突发事件类型、经济社会情况等要素,组成若干个区域应急联动圈。这些都需要制度来保障,而不是等到领导调度。

6. 应急指挥平台

军地联动处置突发事件时,要保障军队和地方各部门行动协调一致,发挥联动效能,必须依托一个能够联通各单位的指挥信息系统,实现各力量体系之间的互联互通。通过对典型案例的处置过程分析,发现目前我国军地联动体系存在通联不畅的问题,指挥信息系统支持军地联动的作用尚不明显,联动保障与应急事件的处置需求还有较大差距。

(1)现有应急指挥信息系统之间互不兼容。参与军地联动应急处置的单位通过本系统的应急机动指挥车对所属力量实施指挥控制,各自的应急指挥系统之间互不兼容、信息不能即时互通。在跨界指挥时,指挥部无法实现对军地各类力量的直接指挥,需要通过军地不同的系统下达行动指令,各力量应急处置情况也必须先上报至各自指挥信息系统后,再上传至总指挥部,严重影响指挥效率。

(2)缺少一体化应急指挥平台。一体化应急指挥平台是实现应急指挥不可缺少的手段,是建立军地联动指挥机制的物质基础,在军地联动应急指挥中具有重要的枢纽作用。分析典型案例的处置过程,发现缺乏相匹配的一体化应急指挥平台,无论是国家层面还是省市层面,尚未建立统一的应急指挥平台。急需围绕国家应急动员体系,依托互联网技术架构,搭建一体化应急指挥公共平台,各个省市、地区,各部门根据自身需求无缝链接,通过申请相应权限获取适当资源。一体化应急指挥平台需融合军队和地方处置突发事件的相关信息,实现军地之间的互联互通和资源整合,实现不同业务领域信息的共享共用。

7. 应急指挥情报

军地联动处置突发事件时,信息共享是联动的关键,但目前情报共享和协调配合等机制还不够健全,很大程度上影响了联动效能的发挥。

(1)信息共享机制不够健全。目前,军地联动应急指挥尚没有建立情报共享机制,军队和地方相关部门之间的沟通和交流渠道十分有限,不能满足军地联动需求,影响军地联动处置行动的快速有效开展。只有及时共享准确的情报信息,才能采取有针对性的处置手段,否则将错失良机,甚至会因处置不当造成更大的损失。

(2)信息协调配合机制不够健全。以重大自然灾害应急处置为例,抢险救援需要实时共享气象、水文、测绘等信息,但军地相关保障部门获取信息手段不同,精准度差异较大,大多采取定期通报的方式层层上报下发,难以为各方救援力量提供实时的保障信息。军队系统不掌握地方气象、交通等即时信息,地方不了解部队和民兵预备役力量相关行动情况,导致无法根据需要统一调动资源,影响制约了抢险救灾行动的实施。在处置暴恐、爆炸等高风险行动过程中,对情报信息共享要求更高,信息滞后将带来极为严重的后果。

8. 应急指挥通信

畅通的通信联络,是确保指令、信息有效上传下达的基础和前提。一旦通联出现问题,应急处置过程中的指挥、协调、控制都将难以顺利进行,会直接影响应急行动效果。

(1)通信设备之间不兼容。目前,军队和地方各级部门配备的应急通信设备种类繁多,且制式不统一,为军地联动应急指挥的通信频谱管理、通信组网带来诸多协调难题。同时,有些通信设备损毁严重,造成了军地通信不兼容,建立联系十分困难,联合指挥信息传递不通畅,处置现场获得的最新情况难以第一时间反馈给相关救助力量,极大地影响了指挥效能。

(2)应急通信网络缺乏规划,体系支撑未满足联动指挥需要。军地联动应急通信网络体系是指融合军地双方公共基础通信网、综合接入网与用户应用网络资源的总和,为军地双方跨部门遂行应急指挥与行动提供通信链路。从目前军地联动处置各类突发事件的过程看,军地互联互通的应急网络体系已经具备了一定的物质基础,但由于缺乏军地联动应急指挥体制机制建设的牵引,网络总体建设没有规划;由于军地双方通信体制不统一,各自网系仍是孤立地烟囱式运用;由于应急通信装备建设滞后,复杂环境下的特殊应急通信装备无法满足救援需要。

9. 应急指挥评估

通过应急指挥的效果评估可以发现当前应急指挥存在的优点和不足之处。目前,国内还没有关于突发事件应急指挥能力评估指标体系和评估方法的官方标准。

（1）应急指挥能力评估指标体系不健全。指标体系关系评估的性能指标，关系评估的导向性。指标体系的构建需要与军地各业务部门深入对接、多轮迭代，因此指标体系的建立不是一项一蹴而就的工作，是一个反复迭代和不断完善的工作。

（2）应急指挥能力评估方法繁杂。评估方法的确定是采用科学、适用的评估模型计算出综合性评估结果。针对军地联动应急指挥这一特殊领域问题，不同的评估方法影响评估的合理性和科学性。目前，在性能及效能评估领域形成了多种成熟的评估方法和模型，这些方法各有优缺点及不同的适用范围，需要结合军地联动应急指挥的任务特点和需求进行取舍。

2.2 军地联动应急指挥体系框架

根据军地联动应急指挥建设9个方面的需求，按照"一案三制"的原则，从预案与训练、体制与法制和机制与保障三大类9个层面构建军地联动应急指挥体系框架。

2.2.1 预案与训练

1. 预案

预案是军地联动应急指挥体系的基础。军队和地方相关部门需要通力协作，构建"联合拟制、系列完备、智能决策"的情景型预案体系，需要从以下5个方面入手。

（1）解决预案不完备的难题，从预案的体系化建设入手，构建种类齐全、范围广泛、系统配套的预案体系，确保发生突发事件时"有案可依"。

（2）解决预案不精细、指导性不强的难题，从预案内容的标准化入手，在构建预案时做细做透，使得每个预案都可行、能行。

（3）解决预案不熟练的问题，强化预案推演，经常组织军地演练和模拟推演相关预案，在实际演练和模拟推演中发现预案中可能存在的问题，然后及时解决问题和修改预案，确保"实用管用"。

（4）解决预案制作的科学化、制度化不强的难题，制定法规制度，从机制上约束联动预案的制作过程，保证军队和地方相关部门共同筹划，确保"军地联动"。

（5）发展智能决策，采用深度学习、大数据分析、云计算等智能技术，精准分析情况、精确制定各类预案，确保"精准科学"。

2. 训练

训练是增强应急指挥能力的唯一途径。为了保障训练的科学性和合理性，要以相关预案体系为基础，构建"聚焦指挥、虚实结合、平战衔接"的军地协同训练体系。

（1）要确定指挥和协同为训练核心，在组织架构上理清协同关系，在训练原则和目的上明确训练核心是指挥和协同。

（2）设计"聚焦指挥，强化协同"的训练内容，重点在于提高指挥员的决策、指挥和协同能力。

（3）强化"虚实结合、平战衔接"的训练方法，将模拟化训练、网络化训练、基地化训练和综合性演习等训练手段有机地结合使用。

（4）在训练各个阶段展开军地充分协同，协同程度越高，指挥越顺畅，可构建指挥训练过程协同度量评估模型，对指挥训练过程中的协同程度进行度量和评估。

（5）培养军地联动应急指挥人才，依托军队和地方的培训力量，在地方高校增设应急管理专业，在军校增设应急指挥专业，并开展联合办学、加强合作与交流，共育英才。

2.2.2 体制与法制

1. 指挥体制

结构决定功能。指挥体制是军地联动应急指挥体系的核心，需要探索"精干联合、编组科学、关系顺畅"的赋能型指挥体制。

（1）明确指挥主体，构建精干的军地联动应急指挥机构，推动形成统一指挥、协同行动、处置迅速的应急指挥架构。

（2）确定指挥权责，规范军地联动应急指挥中各方的指挥关系、控制关系、指导关系、协调关系、协同关系和支援关系。

2. 力量

力量是实施应急指挥的主体。统筹规划使用应急指挥力量，需要建设"全域机动、分级分类、灵活多能"的敏捷型力量体系。

（1）地方基于区域特点，储备一支随时可用的"专业力量"，建设的要求是"敏捷响应"，由指挥组随时直接指挥控制。

（2）政府基于管辖形势，保持一支规模适度的"过渡力量"，建设的要求是"够用"，由指挥组灵活指挥控制。

(3) 军队发挥兵种特长，形成一支军地通用的"常备力量"，建设的要求是"能用"，可以随时进行专业处置。

(4) 政府突出应急特点，建设一支较高战备的"通用力量"，建设的要求是"管用"，满足各类突发事件需要。

(5) 着眼技术发展，积极建设专业化力量体系，建设的要求是"专业"，满足专业程度极高的突发事件需要。

3. 法制

法制是实施军地联动的保障。完善军地联动应急指挥法规，需要构建"有法可依、流程规范、权责明晰"的适用性法制体制。

(1) 建立健全军地联动应急指挥适用的相关法规制度，从法律层面明确军事力量参与军地联动处置突发事件的时机、参与强度及方式，明确结束军地联动行动的条件、时机及方式等。

(2) 完善军地联动应急指挥权责的相关法规制度，从法律层面赋予军地联动指挥机构应有的权力，也规定指挥机构在军地联动应急指挥行动中应当承担的责任和相应的权责。

(3) 明确军地联动应急指挥未尽事宜的法规，针对军地联动处置未知事件的特殊情况，对一些在未来难以把握的问题进行明确和规范。

2.2.3 机制与保障

1. 平台

应急指挥平台是应急指挥体系运行的重要载体，需要构建"体系完备、功能全面、协同高效"的联合指挥平台体系。

(1) 按照"统一指挥、协同行动"的总体思路，整合军地各类资源，连接军地各类应急行动指挥机构，构建军地联动指挥平台，形成应急事件的联动指挥能力。

(2) 重点解决军地共用基础设施互联互通和信息资源共享，精准态势感知、科学指挥决策、协同力量控制和合理支援保障，以及面向不同应急任务需求的联合行动等问题。

2. 情报

信息是行动的先导，准确有效的情报是应急指挥决策的根本，在军地联动应急指挥时，需要共享情报信息，因此，迫切需要搭建"格式标准统一、流程规范一致、全域共享"的联合情报体系。

（1）尽快整合情报机构、建立情报中心，整合各地区、各部门、各系统的情报资源，实现情报力量的联合，解决军地情报交流不及时、共享不充分、运用不畅通的问题。

（2）完善情报网络，目的是延伸情报触角、消除情报盲区，实现情报信息的全域覆盖，包括地域的全覆盖、事件的全覆盖和重点人员的全覆盖。

（3）健全情报机制，军队、武警、公安、应急等部门密切配合，打通情报的共享机制、会商机制和交流机制，保证情报的有效流通。

（4）完善情报手段，发展情报收集、处理、研判和共享技术，广泛收集情报、迅速处理情报、深度研判情报、全面利用情报。

（5）规范情报业务流程，明确军地联动应急指挥时情报分发共享的渠道，规范情报上传下达和共享的基本流程。

3. 通信

指令畅通才能实现联动指挥。构建具有全域接入能力的应急通信网络是实现军地联动应急指挥的技术基础，需要发展"多模兼容、群路部署、信网支撑"的融合通信网络体系。

（1）加大应急移动通信系统的技术和装备研发力度，扩大应急通信指挥终端的覆盖面，综合使用短波、卫星、集群、微波、移动等技术手段，统一通信体制，满足应急指挥中"最后一千米"的现场指挥需求。

（2）建立军地联动应急通信骨干网络，依托当前民用卫星资源，统筹军方卫星系统和民用卫星系统，构建军地联动应急卫星通信系统，提升应急通信保障能力。

（3）增强无人信息采集能力，构建军地联动的应急指挥网络体系，加大无人设备的投入使用，统筹规划固定通信和机动通信系统，在制度和技术上做到军地各部门的互联互通。

4. 评估

评估是对应急指挥体系在处置突发事件时所发挥的效能进行评价和检测，以期发现其中的短板不足，从而进行相应的完善。每次突发事件处置结束后，除了要对事件发生的原因进行调查外，还需要对事件的处置过程进行复盘，从指挥员和处置过程两个方面进行评估。

（1）需要构建应急指挥评估体系，依据体系效能模型，结合专家经验对应急指挥能力和效能进行分析，构建应急指挥效能指标体系。

（2）选取效能计算方法和权重赋值方法，计算基础效能指标值和权重系数，形成评估结果度量指标效能值集合。

（3）根据真实应急指挥数据，对具体处置任务中的应急指挥体系进行综合评估。

2.3 小　结

公安、武警、军队是中国特色应急管理的骨干和突击力量，随着解放军（含武警部队）越来越多地承担非战争军事行动职责，需要更好地完善和健全军地联动应急指挥体系，实现与应急管理体系和国防动员体系的有效融合。本章以三类典型突发事件的应急处置过程分析为研究背景，系统梳理了军地联动应急指挥在体制机制和信息保障等方面存在的9个方面问题和建设的需求，对应于需求构建了相应的军地联动应急指挥体系框架。对照"一案三制"，将军地联动应急指挥体系框架整合为预案与训练、体制与法制、机制与保障三大类，在本书的第3章～第5章逐一展开阐述。

第3章 预案与训练

凡事预则立、不预则废。突发事件应急指挥与处置的关键要素在于指挥活动的顺利展开，提升应急指挥活动效率的最优途径是在军地联动指挥机关和指挥人员两个层面上建立高效指挥训练体系。应急预案是针对突发事件制定的应急管理、指挥、救援等科学有效的计划方案，用于规范应急处置过程中的组织体系、工作机制等内容。要在突发事件应急指挥过程中快速有效地处置情况，必须在平时注重预案建设和基于预案的训练工作。

3.1 预　案

突发事件触发条件难以预料、风险难以掌控、诱因难以明确、产生后果难以预测，这些特点对预案建设工作提出了更高的要求。军地联动处置突发事件的时限要求很高，需要军地相关力量迅速出动、快速到达现场，第一时间进行处置。能否快速有序地处置情况，关键在平时的预案制定工作。军地相关力量相对比较独立，相互联系少、训练少，一旦出现突发情况，必须依靠预案进行任务的区分、力量的编组、情况的处置，以防止军地行动不统一、不协调，相互冲突、混乱无序等问题的发生。军地相关部门需要充分协同，形成"系列完备、实用管用、联合拟制、智能决策"的情景型预案体系，构建预案分析、拟制、推演、演练、评估和更新机制，使预案建设满足实战化需求。

3.1.1 完善预案体系

注重预案的体系化建设，形成种类齐全、要素完整、上下衔接、左右配套的预案体系。政府及其部门应急预案一般包括总体预案、专项预案、保障预案和联合预案。各部门、各系统既要有总体预案，又要有相应的专项预案；既要有行动预案，又要有相应的保障预案，还要有各部门之间的协同配合预案。

1. 加强总体预案建设

从国家、省市县各个层面制定应对各类突发事件的总体预案。各个预案既要注重区域内情况，也要注重区域与区域之间方案的配套和衔接问题，还要注重上下预案的配套和衔接问题。国家层面的总体预案是2006年颁发的《国家突发公共事件总体应急预案》，该预案明确了各类突发事件分级分类和预案框架体系，规定了国务院应对特别重大突发事件的组织体系、工作机制等内容，是指导预防和处置各类突发事件的规范性文件。国家总体应急预案之下是各类突发事件的国家级预案，在自然灾害方面，2005年颁发了《国家自然灾害救助应急预案》，后于2011年、2016年和2024年三次修订；在事故灾难方面，2006年颁发了《国家安全生产事故灾难应急预案》，此后并未修订；在公共卫生方面，2006年颁发了《国家突发公共卫生事件应急预案》，此后并未修订；在社会安全方面，目前尚无社会安全事件的国家级总体预案。2025年2月，中共中央、国务院印发了《国家突发事件总体应急预案》，同时废止《国家突发事件总体应急预案》。《国家突发事件总体应急预案》是组织应对突发事件的总体制度安排，明确了组织指挥体系、运行机制、应急保障、预案管理等内容，是党中央、国务院应对特别重大突发事件工作时指导全国突发事件应对工作的依据。

省（自治区）层面的总体预案，主要关注辖区范围内的情况，各市、县层面的总体预案，主要关注任务区域内的情况。总体预案起着总揽作用，各专项预案、保障预案根据总体预案进行拟制。

2. 加强专项预案建设

专项预案根据总体预案进行拟制，是针对某一地区、某一领域、某一情况的方案，包括指挥方案、运输方案、通信方案、交通管制方案、舆情管控方案、伤员转移救治方案、社会秩序恢复方案等。专项预案是总体预案的补充和完善，决定着总体预案能否落到实处。专项预案与总体预案要配套，实现无缝衔接。

3. 加强保障预案建设

地震、火灾、旱灾、洪灾、冰冻等各类自然灾害引发的抢险救灾保障行动，要加强对自然环境的实时监测保障、气象水文保障、通信保障、物资保障、医疗救援保障预案建设，防止次生灾害的发生。

生产安全、交通事故、危化品爆炸等事故灾难类预案专业性较强，应加强预测预报工作，要做好救援装备保障、应急队伍保障、交通运输保障、医疗卫生保障、救援物资保障、资金保障、社会动员保障、应急避难场所保障和技术储备与保障。

公共卫生类保障预案专业性强，各级卫生行政部门和军队、武警系统相关部门要做好突发公共卫生事件的监测、预警、防控、队伍建设和技术研究。其中技术保障包括信息系统、疾病预防控制体系、应急医疗救治体系、卫生执法监督体系、应急卫生救治队伍、演练、科研和国际交流等;物资保障包括物资储备和经费保障等;通信交通保障包括通信设备和交通工具保障;法律保障是根据应急处置过程中出现的新问题和新情况,不断完善应对突发公共卫生事件的法律法规和规章制度。

4. 加强联合预案建设

军地联动应急指挥涉及的部门多,协同要求高,在联合应急预案中要明确相邻、相近政府部门、军队、企事业、非政府组织团体等单位之间的信息通报渠道、处置措施衔接关系、应急资源共享等应急指挥协同配合机制。联合预案是目前较为欠缺的一类,需加大对其建设力度。

3.1.2 细化预案内容

细化预案内容,注重预案内容的标准化建设,增强预案的实用性、可操作性和准确性,确保"依案能行"。军地联动预案不能大而化之,需要将联动时机、展开地域、参加力量、协同方式、组织指挥架构、联动指挥流程等问题明确下来,具体、精准地描述清楚。预案的标准化要解决方案不精不细、操作性不强的问题,具体包括预案内容标准化、任务区分标准化、力量编组标准化、组织指挥标准化、保障标准化。

1. 细化预案要素

预案构成要素包括:指挥系统的构建;力量的构成、规模与编组,以及相互协同支援关系;责任主体和任务区域的划分;各类资源的采购、分配和预先配置;各类情况的预想及其应对力量、应对手段和措施方法;处置行动的权限、流程和相关要求、注意事项等。

2. 细化任务区分

要依据可能出现的情况,可能担负的任务精细区分相关任务,要明确任务目标、任务区域、任务时限、任务完成标准、任务完成限制条件和注意事项,要明确各级任务,上级任务要细化分解为下属任务,下属任务要支撑、配合于上级任务。要形成任务清单、责任清单、权限清单、约束清单,让军地相关力量明确要担负的当前任务、阶段任务、后续任务、总体任务、特殊任务。要区分军地任务,必要时划清责任界限。

3. 细化力量编组

细化军地联动力量编组,要根据担负的使命任务,明确在不同情况下的力量编组,具体要明确人员构成、人员编组,明确物资器材的保障。要针对不同的行动,明确一般情况、特殊情况、紧急情况下的力量编组,条件允许可采取军地混合编组的模式,即混编军队、公安、武警、民兵、政府部门、企事业单位人员,充分发挥地方力量地形熟、情况熟、人员熟的优势。

4. 细化组织指挥

军地联动行动通常要建立军地一体的联合指挥机构,实现军地联合指挥、联合筹划、联合控制。要规范军地联动指挥活动,形成标准化的组织指挥流程。组织指挥标准化主要包括指挥编组标准化和指挥流程标准化两个方面。指挥编组标准化要明确军地联动指挥机构建立的标准、人员构成标准、人员编组标准、指挥人员标准、军地指挥人员区分标准等。指挥流程标准化要形成规范化、操作化的指挥流程,按照一般流程、特殊流程制定方案,规范情报获取、指挥决策、控制协调等指挥活动,实现军地指挥合力。

5. 细化相关保障

明确情报、通信、测绘、气象水文、后装保障等,防止军地不通联、地图不统一、信息不兼容、保障不协调等情况的发生。根据担负任务的不同,明确物资器材的保障方法;根据军地保障的现状和条件,合理区分军地各部门相应的保障任务和职责。

3.1.3 规范预案制定

注重预案的联动拟制,形成军地联动筹划的常态化机制。军地要形成处置合力,核心在指挥、关键看预案。目前,军地预案对接少,相互之间很难兼容,重要原因在于预案拟制方式。以往各部门、各系统、各单位独立拟制预案,造成上下级预案不衔接、军地预案"两张皮"等现象的发生。军地多方力量联动拟制预案就是要解决军地预案不统一、不协调的问题。

1. 规范军地联动拟制预案的流程与方法

军地联动拟制预案少的原因是没有形成军地联动拟制的方法,没有具体可操作的流程。军地联动预案的拟制涉及单位多、部门多、人员多,隶属关系不同的预案拟制人员要形成统一的预案拟制思路和预案拟制程序,关键是要规范联动拟制预案的组织形式、组织方法与流程。条件允许时,要成立常态化、联合化、专业化的预案拟制小组,成员由军队、武警、公安、民兵、预备役,以及政府、企事业单位相关人员组成。各成员具有一定的级别和专业素养,能够代表本单位协调相关事项,做出决策。

2. 形成常态化的军地预案对接机制

联动拟制预案后,军地联动预案还要根据形势任务常调整、常更新,要加强军地联动预案的对接,以适应新的情况、新的任务。建议设立常态化的军地联动预案对接机构,定期或应机沟通对接。

3.1.4 加强预案推演

预案是否管用,根本的衡量标准是实际运用情况,问题只有在运用中才能暴露。要加强军地预案的实际演练和模拟推演,在实际演练和模拟推演中发现问题、解决问题。预案推演与评估是应急指挥信息系统构建的核心步骤,能够模拟复杂应急条件下环境,推演评估应急行动过程,精确分析各个预案的优缺点,评估检验应急能力和行动效果,为指挥人员提供计算机辅助决策支持,把模拟仿真推演结果和指挥人员的智慧经验结合起来,把定性分析和定量分析结合起来,为指挥人员执行不同任务、实施不同行动提供有力的决策保障。因此,迫切需要结合分布式平行仿真推演、大样本并行仿真推演需求,为预案精确推演评估提供手段。

3.1.5 发展智能决策

突发事件诱因难找、情况难判、行动受限,需要精准分析情况、精确使用力量,对预案制定的精确性、科学性提出了很高的要求。现阶段,处置突发事件中指挥人员还是拍脑袋多,系统科学分析少,造成任务分工不合理、力量使用不快捷、综合保障不周密、物资调配不灵活等现象。当前,深度学习、大数据分析、云计算、智能技术发展迅猛,为精确制定预案、科学应对处置突发事件提供了技术支撑。下一步要大力发展智能决策,精确制定各类预案,提高预案的精确性、操作性和科学性。

发展智能态势感知技术,即基于海量数据,能够自动感知态势以及火灾、洪涝、旱灾、地震、冰冻等灾害信息,发出危险告警和信息提示;发展预案查询提取技术,即基于预案库,能够合理分类预案,多角度查询预案,并自动分析预案与现实情况的差距与不同,提出修补预案的相关建议;发展智能决策技术,即基于不同自然环境和突发情况,能够自动推送力量使用、路线选择、处置措施、通信联络、物资携行、后装保障的相关建议;发展智能评估技术,即能够有效评估预案的完整性、有效性、操作性、灵活性等指标,提出预案调整、修改的相关意见。

3.2 训 练

训练在词典中的解释是教练和操练兵士,通过有计划和有步骤的指导,使受训者具有某种特长或技能的教育方法。训练的目的是使受训者获得一项行为方式或技能,从而改变受训者的素质和能力。

演练在词典中的解释是指按照计划、步骤完整而仔细地练习。百度百科对演练给出的解释是训练演习;操练。

比较两个解释,"训练"比"演练"包含的范围更广,可以认为训练包含演练,还包括演练之前的学习和培训。部队常使用"训练"一词,在应急管理领域,一般用"演练"表示按照预案进行的训练和演习。本书面向于军地联动的应急指挥,旨在提升指挥人员和指挥机构的应急指挥能力,因此,使用"训练"一词进行表述,在涉及国内外应急管理领域时依然用"演练"。

经过对近年来重大突发事件的案例剖析发现,目前,军地联动指挥训练还存在不足之处:一是面对突发事件的应急培训和演练不足,虽然有较为完善的应急预案,但是各项预案未进行或很少进行过演练;二是军地联动应急指挥能力不足,缺乏平时军地联动训练导致突发事件发生时,指挥人员的快速反应能力、应急决策能力、果断处置能力和多方协同能力不够。

因此,需要在现有军地联动应急指挥机构编成条件下,根据预案训练和提高指挥能力两个原则,按照模拟化、网络化、基地化训练和综合演练的思路,完成筹划情报收集、组织实施、协调控制和预案效果评估 4 个核心功能,从而完成军地联动日常应急指挥训练和对已制定预案的修订。

军地联动应急指挥训练体系建设旨在训练各级指挥人员的指挥能力,即围绕着指挥活动进行。指挥活动包括情报信息、运筹决策、计划组织、协调控制等一系列工作过程。在对指挥活动的训练方面,美国联邦应急管理协会提出两种演练方式:基于讨论和基于操作的演练。我国学者在借鉴国外经验建立整建制应急管理培训新模式、开展应急管理研究、探讨应急演练组织与实施方法等方面做了大量有益的工作。但是这些工作对于军地双方参加的应急指挥训练方法和对指挥训练效果的评估方面少有涉及,本节针对军地联动应急指挥训练,从指挥机关和指挥人员的角度,对应急指挥训练的组织设计、内容方法设计和评估模型设计等展开相应的研究。

构建军地联动应急训练体系需要明确以下 4 个方面:一是军地联动训练机制,即军地如何联动,明确各自的权限和职责要素;二是归类典型应急场景,基于场景设计标准军地联动应急预案的指挥关系;三是建立军地联动应急指挥训练模式,包括参训部门、部门之间的关系、训练流程、训练方法、训练科目等;四是建立军地联动应急预案动态更新机制和方法。通过训练,一是培养各级指挥人员应急指挥能力,二是评估、检验和修订预案。

因此,建议针对指挥机关和指挥人员开展军地联动应急指挥训练,以"聚焦指挥、虚实结合、平战衔接"为训练原则,以培养各级各类指挥人员的应急指挥能力为训练目标,重点开展指挥活动和协同机制训练。

3.2.1 确定训练核心

突发事件应急处置涉及军队、地方政府、消防、公安等军地多个部门、多个系统、多个领域,参与单位多,并且军地各部门各系统之间并无隶属关系。面对人员涉及范围广、指挥关系复杂、指挥协同任务重的状态,军地联动指挥训练的核心是"联",即需要在指挥层面上加大协同力度,形成统一的应急指挥体系。《国家突发事件应急体系建设"十三五"规划》提出要规范突发事件应急处置现场组织指挥,探索推行现场应急指挥官制度,强化应急指挥能力培训,提高应急处置的规范化、专业化水平。《"十四五"国家应急体系规划》得出要优化应急协同机制。因此,军地联动应急指挥训练首先需要在组织架构上理清协同关系,在训练原则和目的上明确训练核心是指挥和协同。

1. 建立四级训练组织机构

与"国家－省－市－县"的组织体制相一致,军地联动指挥训练组织机构采用"国家级联动训练机构－省级联动训练机构－市级联动训练机构－应急行动实体"四级的模式。国务院是突发事件应急管理工作的最高行政领导机构,国家级联动训练机构依托应急管理部和军队建立的处置突发事件应急指挥领导小组,根据各类突发事件应急行动的任务、特点和要求,做好顶层设计,培训军地联动应急指挥人才;各省、直辖市和自治区都建立了应急管理机构,省级联动训练机构依托省政府和省军区,市级联动训练机构依托市政府和军分区,负责制定、修订、实施和评估各种突发事件应急预案,制定应急指挥训练计划、组织协调各类训练任务,这两级机构是组织训练的主体;应急行动实体作为应急训练的对象,承担具体的训练任务,形成应急指挥能力,以期在实际突发事件中能执行指挥任务。

2. 突出指挥能力训练

军地联动应急指挥训练的对象是各级各类指挥人员,应急指挥训练要以培养各级各类指挥人员的指挥能力为目标。指挥能力包括协同各组织之间的关系、调配资源、形成决策、制定计划、组织行动并解决冲突等,形成指挥能力的唯一途径是训练。训练要严格遵循预案,预案规定了各类别突发事件的每个阶段过程,指挥人员应该做什么和怎么做。训练过程中,指挥能力的构建不仅是需要掌握岗位的专业技能,更重要的是,掌握军地联动应急指挥机制、指挥流程和指挥手段;训练结束时,根据效能标准和评估准则,参训指挥人员应接受合格性测试或考试,从而提高指挥协同能力。因此,军地联动应急指挥训练旨在培养指挥人员的指挥能力,通过训练培养各级指挥人员熟悉军地联动应急指挥的指挥流程和协同机制。

3.2.2 设计训练内容

军地联动应急训练的核心是训练内容,既要站在顶层设计的角度,覆盖训练内容的全面性;又要立足专业特色,注重训练内容的针对性。必须以任务需求为牵引,依据训练对象、训练目标的不同,合理设置训练内容,既要强调理论的学习,又要强调专业岗位的需求,既要熟悉指挥流程机制,还要突出指挥技能的掌握和运用,突出实际实践是应急演练的核心。应急指挥训练内容应包括理论知识学习、专业岗位训练、指挥活动训练和指挥机制训练4个部分。这些训练内容都是针对指挥人员进行的训练,重点在于提高决策、指挥和协调能力(图3-1)。

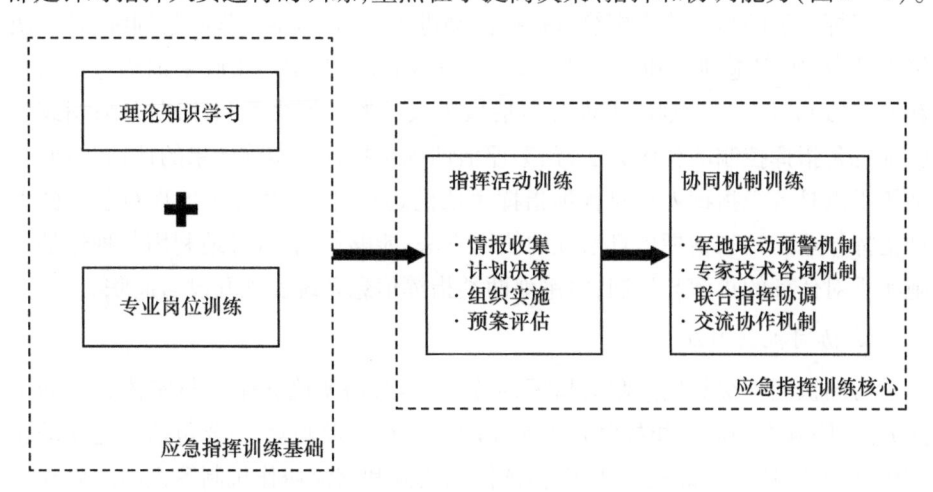

图3-1 军地联动应急指挥训练内容

1. 理论知识学习

理论知识学习是应急指挥训练的基础。每一类突发事件都有自己的特点、要求和处置方法,需要掌握相关的基础知识。对基础知识了解不够、掌握不够,在应急处置行动中,很难进行正确有效的处置。因此,军队和地方应急指挥人员都须加强应急指挥理论知识的学习和应急指挥技术的掌握,努力提升目标意识,提高自身技能素质,了解和掌握热点舆情、世界格局、国家大事和军情最新进展,掌握国家经济社会发展和军事战略指导方针;掌握应急处置行动所需要的政治、经济、社会、科技、人文、军事、法律等领域的基本知识;掌握相关法律法规,在守法合规的情况下做好训练,以适应应急处置任务的需要。

2. 专业岗位训练

专业岗位训练是应急指挥训练的根本。针对自然灾害、事故灾难、公共卫生事件、社会安全事件等类型的具体任务,立足岗位特点展开指挥训练。面向军队、公安、消防、医院、防疫部门等承担突发应急任务的部门,除了防护装备和通信设备使用训练等内容的基础性训练之外,重点开展诸如抗洪、灭火、抗震救灾、冰冻雨雪、重特大交通事故和生产事故、核生化污染事故、重大疫情、大规模群体性事件、反恐维稳、舆情监督导控等多种类型的指挥训练。岗位训练是着眼可能担负的任务进行的针对性训练,目的就是使各类人员熟悉各种具体任务指挥活动的特殊内容和要求。

3. 指挥活动训练

指挥人员的指挥能力围绕着指挥活动进行,主要包括情报收集训练、计划决策训练、组织实施训练和预案评估训练 4 项内容。其中情报收集训练包括情报获取、处理和使用;计划决策训练包括指挥人员的运筹决策和计划拟制;组织实施训练是指挥控制的程序方法;预案评估训练包括预案实施效果的评估与调整。训练重点是各级指挥人员对各种指挥手段的运用,熟练掌握军地现行装备的各种指挥作业工具和指挥信息系统的使用方法;能够正确、合理地利用各种通信设施实现对任务的指挥与控制;对军地两类指挥信息系统实现开设与通联。

4. 协同机制训练

协同机制训练是应急联动指挥训练的重点,需明确各个参与实体之间的协同方式,明确军地联动指挥时各个实体的权限和职责要素,主要包括军地联动预警机制、专家技术咨询机制、联合指挥协调机制和交流协作机制等机制的启动与运行。军地联动预警机制的训练应重点把握预警信息的掌握、发布和预案的启动等内容;专家技术咨询机制的训练应重点明确专家参与应急指挥活动的方式方法;联合指挥协调机制的训练应重点把握指挥机构的构建、指挥关系的确定、协调组织的方法、内部职能部门的运行等内容;交流协作机制的训练应重点把握指挥机构的建立和运行方法、指挥信息系统的互联互通等内容。

3.2.3 强化训练方法

美国国土安全部颁布的国内应急管理演练分类为研习班、专题研讨会、技术演练、竞技性演练、桌面演习、职能演习和综合演习；我国应急训练一般分为基础训练、专业训练、战术训练和自选科目训练四大类。从应急指挥训练的角度，以平战衔接为训练要求，将训练方法分为"虚"和"实"两类，"虚"指的是虚拟训练，包括模拟化训练和网络化训练，采用大数据、云计算等信息技术手段，建设虚拟应急训练馆、模拟实验室、标准化应急知识库和网络化协同训练平台；"实"指的是实地训练，包括基地化训练和综合性演习，在虚拟训练的基础上，展开实兵、实装、实景和实操的训练（表3-1）。

表3-1 军地联动应急指挥训练方法

类别	实施方法	要求
模拟化训练	①设定地震、火灾、爆炸等场景； ②建立模拟器材和装备； ③模拟突发事件处置过程	建立各类仿真平台和模拟实验室
网络化训练	①建设训练资源信息库； ②实施分布式协同训练	建设网上学习资源和网络训练平台
基地化训练	①选择与遂行任务相似的基地； ②熟悉各种任务的应急预案； ③熟悉组织指挥方法	建设行业典型突发事件训练基地
综合性演习	①军地多方协同组织指挥； ②按预案实施，评估、检验、调整预案	每年进行1~2次军地联动综合性演习

1. 模拟化训练

模拟化训练是采用模拟手段，利用仿真平台进行训练。由计算机模拟创造近似实战的条件，使受训者身临其境，各种操作或应对措施和方法更接近于实际行动，可以"从实战需要"组织训练。一是通过"虚拟现实技术"模拟真实环境，设置诸如地震、火灾、爆炸等场景，营造逼真的训练环境；二是通过"三维建模仿真技术"模拟实际器材和装备，不受场地和条件的限制，随时随地反复训练器材装备的使用；三是通过计算机模拟系统模拟突发事件处置过程，实现想定生成、情况显示、指挥处置、结果统计和考核评估全流程训练。沟通和协作建立在充分了解的基础上，利用模拟化训练可以让指挥人员切换不同的角色，在模拟环境中充分体验各类突发事件的应急指挥和协同过程。可推广兵棋推演平台和桌面推演模式,加大仿真平台和模拟实验室的建设力度,以较小的成本实现较大的训练效益。

2. 网络化训练

网络化训练是采用网络手段,通过预案、培训课件、训练数据、训练总结等知识构成的标准化训练资源信息库,进行远程学习和培训;通过训练网络、分布交互式模拟系统和虚拟武器装备等组成的网络化训练平台,实现分布式协同训练。分散在各地的单位不需要集中就可以共同训练,熟练共同使命任务下协同处置过程、训练相互间的协同配合、反复演练任务中的每个细节。应完善网上学习资源,推行网络化训练平台,广泛开展多种形式的网络学习和网上联训。虚拟训练可以随时随地开展,反复多次进行。

3. 基地化训练

建立训练基地,利用实兵演习开展基地化训练。基地化训练需要归类典型应急突发事件场景,受训人员完成理论学习、网上模拟训练之后,到近似突发事件实际情况的基地进行综合性训练。应根据受训人员可能担负的任务,选择与遂行任务条件相似的基地,设置贴近实际的情况,进行实战化训练,使受训人员进一步熟悉应急预案,熟悉遂行任务地区的自然和社会环境,熟悉组织指挥各类任务的内容、程序、方法,训练其快速反应能力、分析判断能力、应急决策能力、指挥协同能力等。因此,要加大典型突发事件的基地建设,如2018年4月建立的"全国领导干部应急管理演练基地"等,各基地之间应充分共享,以发挥行业基地的训练效益。

4. 综合性演习

实行军地联动,利用多方参与进行综合性演习。突发事件应急指挥与处置通常由军地双方组成的联合指挥机构共同实施,涉及多个部门和单位,综合性演习需要军地多方参与。在训练过程中,以协商委员会代替领导机构,在共同理解的基础上,强调统一行动而不是统一领导。军地联动演习是多方参与的大规模军地联动应急指挥训练,需要军地双方按照有关法律法规的规定,依据双方的应急预案,共同组织应对各类突发事件。应重点演练指挥机构的编组和开设、指挥程序、协调与控制、指挥信息系统的建立与运行、意外情况的处理、各种指挥机制的启动与运行等内容,利用大数据技术做好训练数据收集和预案评估检验工作,还要做好各项指挥保障工作,以确保演习的顺利完成。军地联动综合性演习涉及的范围广、动用的资源多,不宜频繁使用,每年进行1~2次为宜,旨在检验预案是否合适、指挥是否顺畅、保障是否有力,以便进行调整和改进。

3.2.4 构建评估模型

军地联动应急指挥训练是军地各方在共同的使命任务和目标的约束下,基于共同的预案、共同的理解,采用通用的术语、统一的指挥框架、统一的行动计划等,这就要求军地各方在训练的各个阶段展开充分的协同,协同程度越高,指挥就越顺畅,因此,需要对指挥训练过程中的协同程度进行度量和评估,评估模型框架如图 3-2 所示。

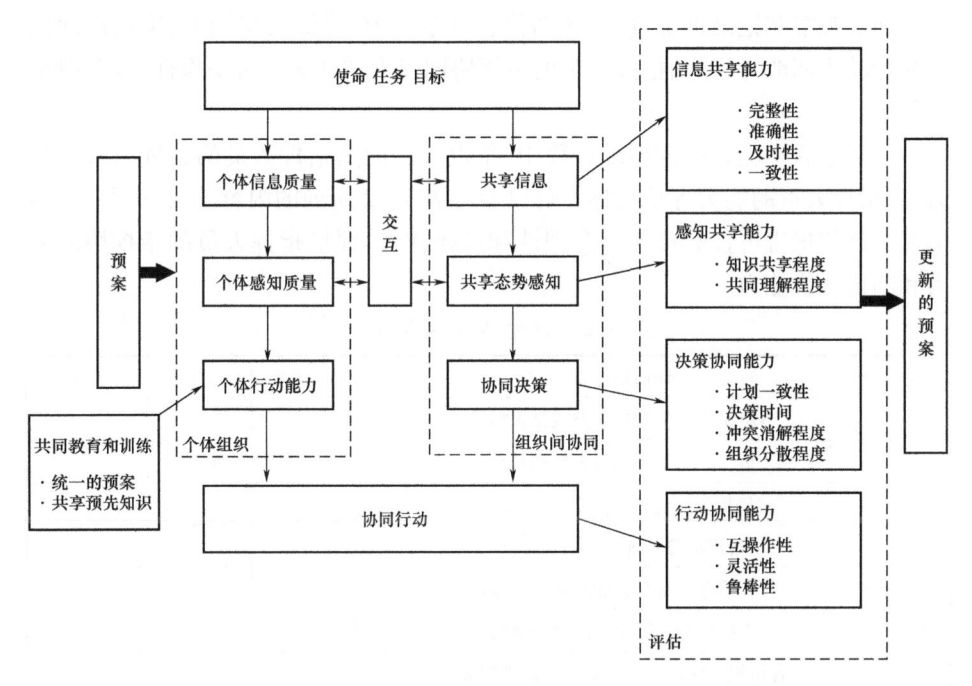

图 3-2 军地联动应急指挥训练过程中协同度量模型框架

军地联动应急指挥训练的每个个体都是独立的组织,有各自的职责,为了共同的目标而统一为一个整体,但是这个整体体现为松散的组织结构、分散的信息传递和分布式的行动,个体之间共享知识、协同决策和同步行动,这就要求在训练过程中个体之间展开充分的协同。协同是同步不同组织的能力,以互相协作的方式应用于每个个体。

军队人员、政府官员和非政府组织人员的文化背景知识并不相同,训练和经验更是差异甚远,为了协同,需要有统一的预案,共享预先知识,包括共同的教育和训练,确保各组织和个体对使命任务与预案有共同的理解。

在训练过程中,每个个体接收共同的使命任务,将个体观察得到的信息通过共享形成整体的共同信息;即使是共同信息展现的态势,每个个体的感知可能都会存在差异,个体感知不尽相同,训练的目的在于通过协同和沟通尽量保证拥有相同数据、信息和当前态势的各方人员获得共同的感知;基于共享态势感知,开展协同决策,训练的目的在于在尽可能短的时间里,消除冲突,在预案的基础上确定各方一致的行动方案;行动方案是实现协同的主要手段,在行动方案的指导下,各方展开行动,行动之间的协同是相对松散的,在执行过程中还需要根据情况灵活调整。

通过观察和记录训练过程,评估信息共享能力、感知共享能力、决策协同能力和行动协调能力,评判指挥人员的指挥协同能力和预案的可操作性,并及时更新预案。

在军地联动应急指挥训练过程中,重点关注的是指挥人员的指挥与协同能力,对指挥人员的能力评估指标点可以参考表3-2所列的内容。根据评估记录形成的评估报告可检验预案的合理性和可操作性,评估指挥人员的指挥协调能力和临机处置能力。

表3-2 评估人员观察记录表

序号	评估指标点	是	否	备注
1	各组织之间信息传输路线是否畅通			
2	事件信息是否及时更新和共享			
3	现场指挥所位置和标识是否明显*			
4	指挥信息系统运行是否正常			
5	指挥信息系统是否能互联和互操作			
6	指挥决策和资源分配是否顺畅			
7	各组织对所承担的任务是否清晰明确			
8	指挥人员向应急人员发布的行动指令是否及时准确			
9	各组织之间行动是否能彼此沟通			
10	指挥人员采取的行动是否以现有预案为准则			
11	指挥人员是否具有解决争议或冲突的能力			
12	指挥人员采取的行动是否有记录保存可供查询			

注:*为实地训练类型时的评估项。

3.2.5 提高训练效果

1. 强化应急指挥训练

为提高训练的有效性,主要从以下几个方面入手。

在教育训练观念上需要更新,要把应急指挥训练作为军事训练的一项重要内容,同时重视专业技术装备在应急指挥中的重要作用,配发科技含量高、专业技术对口的装备。

在训练方法上需要创新,要推广基地化训练,引入模拟化训练,开展军地联动训练,发挥军事院校主渠道作用,探索联合演习和交流机制。

在训练内容上有所侧重,如舟桥部队侧重于抗洪抢险,工程兵部队侧重于抗震救灾,海军侧重于海上权益维护,空军侧重于远程力量投送等。

从国家安全战略层面来说,我国在海洋权益保护、国际维和、国外权益维护的需求日益增加,需要有针对性地加强此类训练;当前限制训练效果的瓶颈问题,一是军地双方的协同机制不畅通,需增强军地协同训练力度,二是专业装备不齐全,可在装备的配发和使用上加大保障力度;随着无人化和智能化技术的发展,可开发军地联动应急指挥训练系统或平台,增加模拟训练时间,增加与无人机或无人车等装备结合的训练内容。

2. 应急人才培养

面向长远发展,培养应急指挥训练专业人才。人才建设是军地联动训练体系建设的重要方面,国家必须加大应急指挥专业人才培养力度,构建适应于中国特色的专业、先进、系统的应急指挥专业人才培养体系,培养熟练掌握军地联动关系的人才,为推进军地联动训练的机制化、科技化、信息化等提供智力支撑。以培养各级各类指挥人员的指挥能力为目标,部队可以在军事教育训练中增设军地联动指挥训练内容,院校可以增设相关课程,增加相关教学内容。应急指挥专业人才不仅需要掌握医疗救护、重大疫病防治、抢险救灾、社会公共秩序应急管理等专业技能,更重要的是,掌握军地联动应急指挥机制、指挥流程和指挥手段。

训练内容内化于各专业岗位的日常性训练,一是依托现有军地训练体系,按照各级各类预案,对应急指挥人员进行专业培训,有针对性地培养专业素养、快速反应能力、应急决策能力、果断处置能力和多方协同能力;二是设置轮训制度,开展岗位轮训,定期组织应急指挥人员研究应急指挥理论,学习应急装备操作技能,开展应急处置的组织指挥训练;三是建立军地联动培训机制,采取军地交叉见学、学术交流、联合演练等形式,增进军地双方了解、密切相互关系,提高联合决策和协调配合能力。

总之,军地联动应急指挥训练关注的重点在于对指挥人员的训练,首先,要训练指挥人员熟悉预案流程,并在训练过程中检验和不断完善预案;其次,训练指挥人员熟悉应急处置指挥过程,提高指挥人员的指挥能力。除此之外,重点强调指挥人员的协同能力,因为在实际处理突发事件的过程中,政府各职能部门、军队系统、非政府组织和团体等构成了应对突发事件的多元主体,指挥人员在组织协同的过程中,需要把握应急指挥控制协同的特点,针对承担的任务,明确协同主体,理清协同机制,提高协同效能。

3.3 小　结

预案是决策和行动的基础,是平时应急准备工作的重点。在实际应急处置过程中,应急预案不宜神化,因其有较强的假设色彩,体现了"底线思维",不能成为应对突发事件的"锦囊妙计"。在实际情况中,总有许多意外或突发因素,不可能全部按照预案有条不紊地进行,需要对预案进行临机调整。所以,应急预案需参照实际情况灵活执行,避免经验主义、本本主义。

应急预案不等于应急准备能力,是利益攸关方的书面契约,要使预案发挥效力,必须重视应急预案的演练培训、审核评估、定期修订等。在训练过程中,各级指挥人员和指挥机构应定期培训,明确自己的职责,提升突发事件应急指挥能力;专业人员更要经常参加演习或进行模拟作业,熟悉突发事件应急处置流程;预案制定人员更要跟踪评估,收集训练数据,不断补充完善预案,保持预案的鲜活度。

第 4 章　体制与法制

军地联动应急指挥体制建设包括指挥体制和力量体系两个方面。其中,指挥体制是军地联动应急指挥体系的核心。由于遂行军地联动应急指挥处置的情况差异,需要设置不同的指挥机构,并且其指挥编组也有较大的差异,本章主要对一般情况下各类指挥机构及其编组情况进行说明。力量体系是实现军地联动应急指挥的物理实体,需要准确把握军地联动力量体系构建原则,建设由专业力量、过渡力量、常备军事力量、通用军事力量四种类型功能互补的军地联动力量体系,加强军地联动力量体系向常态化、专业化、规范化方向发展。

职责明晰,才能令行畅通。动用应急指挥相关力量需要法律法规的支持和约束,为了提高军地联动应急指挥的响应速度,需要以现有法律法规为基础,进一步明确军队在国家应急管理事务中的法定责任。军地共同梳理现有应急法律法规,充分运用深化国防和军队改革的成果,对照当前应急指挥新形势新要求,找出其中的制约环节,以立法或修订的方式完善军队在国家应急管理事务中法律地位,明晰军地双方各自的职责及其相互关系。

本章主要从军地联动应急指挥的指挥体制建设、力量体系建设,以及军地联动应急指挥的相关法制建设 3 个方面进行阐述。

4.1　指挥体制

军地联动应急指挥体制是指为应对由军队和地方应急力量共同参与的公共突发事件,而应急组建的指挥组织体系、指挥机构及其职责区分、指挥关系等,以及与之配套的制度。指挥体制规定了指挥主体的结构,同时,也规定了编成内各级各类指挥机构之间的相互关系,对应急指挥效能的发挥具有重要影响。

健全科学高效的军地联动应急指挥体制,不仅是实现快速、高效、稳定、可靠指挥的重要基础,也是国家安全战略落地、落细、落实的重要依托。充分考虑军地联动应急指挥政治敏感度高、行动时效性强、不确定因素多等特点,针对实践过程中最高指挥主体定位一时难以断定、纷繁复杂指挥权责关系容易出现交叉、兵力运用特殊要求容易延长指挥周期等体制性障碍、结构性矛盾和政策性问题,军地联动应急指挥机构必须根据指挥实际,科学构建"精干高效、编组科学、关系顺畅"的赋能型指挥体制。

4.1.1 军地联动应急指挥组织体系

军地联动应急指挥组织体系,是指联动应急组织编成内各级各类指挥机构所形成的整体结构。军地联动应急指挥组织体系是组织编成在指挥组织上的体现,其形式取决于编成结构。由于军地联动应急指挥组织体系的内在要求,指挥员在确定应急编成时,必须考虑便于指挥的需要,合理构建军地联动应急指挥组织体系。

1. 军地联动应急指挥组织体系的层次和跨度

军地联动应急指挥组织体系的指挥层次和指挥跨度是反映应急指挥组织体系结构的两个基本参数。指挥层次与指挥跨度是否科学,在一定程度上反映了联动应急指挥组织体系的合理性。

(1)指挥层次。指挥层次是反映军地联动应急指挥组织体系纵向结构的基本参数。例如,国家军地联动应急指挥机构是负责指挥执行任务的军地专项(或分队)指挥机构,如果需要经过省级军地联动应急指挥部和市级军地联动应急指挥部,则军地联动应急指挥机构指挥到各执行任务的军地专项(或分队)指挥机构的指挥层次就是3。

指挥层次越多,意味着维系指挥体系纵向联系的指挥环节就越多,指挥信息在按级处理和传递的过程中,越容易出现错误和偏差,也越容易受到指挥手段可靠性的影响,军地联动应急指挥的反应时间越长,指挥的可靠性越弱。但是,指挥层次越多,参与指挥信息处理的机构就越多,各级应急指挥的复杂程度越低,相比较而言,各级指挥机构的工作就会越简单。因此,需要恰当确定指挥层次的数量。

(2)指挥跨度。指挥跨度是反映军地联动应急指挥组织体系横向结构的基本参数。例如,国家军地联动应急指挥部直接指挥到各省级党委、政府指挥部和各战区、军种指挥部,则该机构的指挥跨度就是2。

指挥跨度大,军地联动应急指挥员及其指挥机关计划组织应急所需要考虑的因素明显增多,指挥的复杂程度越大。因此,指挥跨度通常应限制在一定的范围内。

2. 军地联动应急指挥组织体系的构建

军地联动应急指挥组织体系是顺畅实施应急指挥的关键,应按照统一调度、责权明晰、协同高效、指挥稳定的原则进行,重点处理好两个关系。

(1)正确处理指挥层次与指挥跨度的关系。少的指挥层次可以提高指挥反应的速度;减少指挥层次,会受到指挥跨度的限制。在应急保障力量一定的情况下,减少指挥层次通常需要增大指挥跨度,容易导致指挥与协同更加困难。因此,建立军地联动应急指挥组织体系应该综合考虑指挥手段发展水平与指挥人员能力素质等情况,在保持合理指挥跨度的同时,尽量减少指挥层次。

(2)正确处理针对性与稳定性的关系。军地联动应急指挥组织体系要适应具体任务和编成,具有很强的针对性,也应该具有相对的稳定性,以便于完成各种类型的应急任务。在应急任务实施过程中,指挥员虽然要根据实际情况对指挥体系做适当调整,但调整的幅度和频度都不应过大,这就要求指挥员在建立军地联动应急指挥组织体系时,要全面考虑应急处置各方面的要求。

构建军地联动应急指挥组织体系经常遇到的困难,是如何处理在保持合理指挥跨度的同时,又能加强对主要应急处置任务的指挥。从历史经验看,解决的办法通常有两种:一是将担负主要应急行动的力量直接置于军地联动本级应急指挥机构之下,甚至直接由军地联动应急指挥员亲自指挥;二是向主要应急任务派出指挥机构加强对主要应急行动的指挥。两种方法相比,前者有利于减少指挥层次,但增大了军地联动应急指挥员实施指挥的难度;后者虽然增加了指挥层次,但减少了指挥的难度。军地联动应急指挥员应根据实际情况,加以灵活运用。

3. 军地联动应急指挥组织体系的调整

军地联动应急任务准备和实施过程中,指挥员需要根据指挥的实际需要,对军地联动应急指挥组织体系进行必要的调整。要注意把握好以下3个问题。

(1)预先做好调整指挥体系的准备。在应急准备阶段,军地联动应急指挥员及其指挥机关应根据应急任务及任务进程的预测,对指挥体系可能进行调整的时间、内容、方法等预先制定方案。

(2)充分考虑指挥机构的指挥能力。调整军地联动应急指挥组织体系,特别是因调整应急力量编成而增大所属某一指挥机构的指挥跨度时,一定要充分考虑该机构的指挥能力。这既包括指挥员及指挥机关的能力素质,也包括指挥手段和保障能力。

(3)注意同步理顺应急指挥关系。军地联动应急指挥组织体系的调整,必然伴随着指挥关系的调整。军地联动应急指挥员在调整指挥体系时,应同步明确指挥关系,以确保调整后的指挥体系运行顺畅。

4.1.2 明确指挥主体

军地联动应急指挥机构是军地联动应急指挥主体的具体表现形式,通常由军地联动应急指挥员及其指挥机关按特定的方式组成。确定联动应急指挥机构的编成编组及其职责区分,即确定军地联动应急指挥机构内部的部门设置和人员组成,以及各部门和主要人员的职责,是应急指挥员及其指挥机关组织军地联动应急指挥的重要任务之一。

1. 指挥机构整体架构

(1)总体构思与框架。由于指挥层次存在差异,设计军地联动应急指挥机构时统一使用"模块"的概念,具体到某一级别指挥机构时,可以使用"部""所""组"等称呼。模块作为机构的一个组成部分,承载着机构有机整体协调运行的一部分功能。通常情况下,军地联动应急指挥机构应包括信息、咨询、决策、执行、反馈、监督等模块,如图4-1所示。

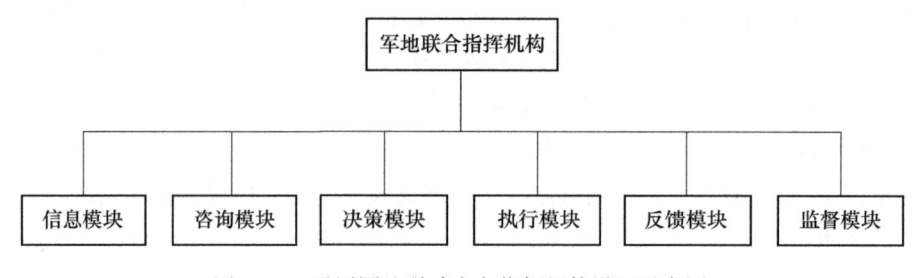

图4-1 通用军地联动应急指挥机构设置示意图

以执行模块为例进行说明。执行模块的职能是根据指挥员决策意图,组织、协调军地有关部门遂行应急救援行动,通常由部队参谋机构和地方各部门的专业人员组成。执行模块的目标是准确领会决策人员的意图,全力落实决策人员的决心,及时协调解决执行过程中存在的矛盾和问题。在军地联动应急指挥机构中,执行模块变化最大,可以根据具体任务细化为不同领域专业的组织指挥,各模块之间既可以相互独立,也可以在统一领导下统一行动。抗震救灾行动中的执行模块如图4-2所示。

(2)指挥工作流程。军地联动应急指挥机构实施指挥时,其工作流程如图4-3所示。从突发情况最初阶段开始,各模块以当时掌握的信息资源各自组织实施,随着时间推进和救援任务进展,以监督模块和反馈模块的信息推动其他各模块工作向前推进,这是一个循环递进的过程,最终目标是提高完成任务的质量和效益。

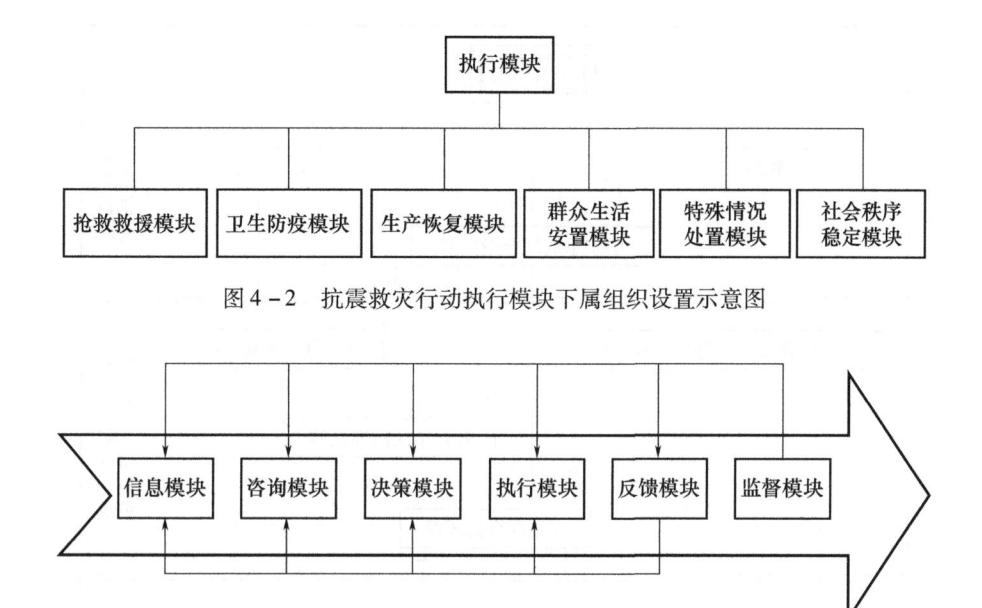

图 4-2 抗震救灾行动执行模块下属组织设置示意图

图 4-3 指挥机构指挥工作流程图

2. 指挥机构设置及指挥编组

由于遂行军地联动应急指挥需处置的社会突发性情况差异较大,需要设置不同层次、不同编组的指挥机构,以提高指挥效率,本节面向一般情况下指挥机构及其编组情况进行设计(图4-4)。

军地联动应急指挥机构通常按指挥部(所)形式编成,是指挥员及其指挥机关实施指挥的基本依托。军地联动应急指挥通常建立综合指挥部,并根据任务需要建立现场指挥部(所)或其他专项指挥部(所)。

按照分级负责的原则,一般性灾害由地方各级政府负责,应急管理部代表中央统一响应支援;发生特别重大灾害时,应急管理部作为军地联动应急指挥部,协助中央指定的负责同志组织应急处置工作,保证政令军令畅通、指挥有效。

应急管理部的成立,使得未来发生重特大应急行动时军地联动应急指挥的依托机构更加权威和稳定。深化体制改革中调整对武警森林部队、公安消防部队实施转制,与之前的安全生产等应急救援力量一起,成为国家的综合常备应急骨干力量。这使得应急指挥机构可以在第一时间内指挥相应的专业力量投入救援任务,为后续投入军事力量争取了时间,理顺了关系。

(1)综合指挥机构设置及基本编组。综合指挥机构是军地联动应急指挥和决策平战结合的最高形式,其能否科学运转将在很大程度决定着突发情况最初

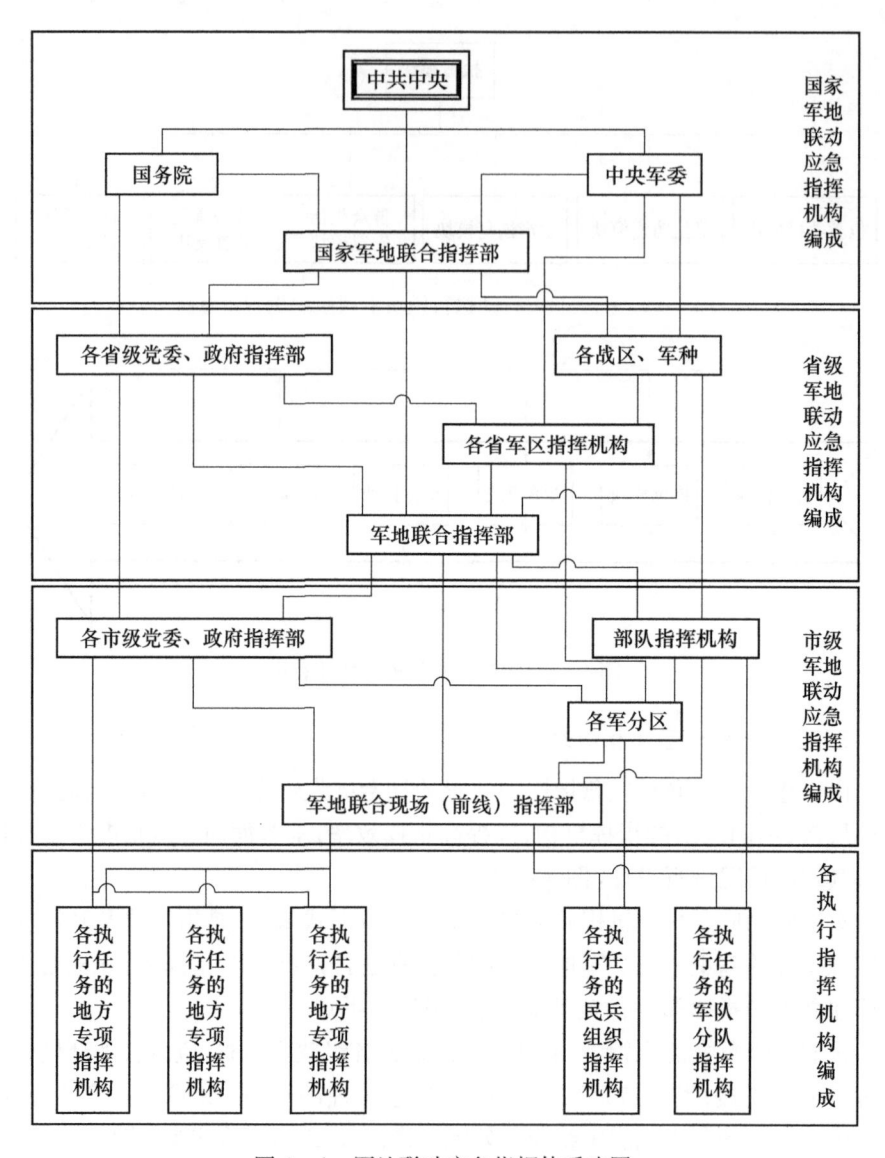

图 4-4　军地联动应急指挥体系略图

阶段应急指挥是否顺畅。常设军地联动应急指挥机构必须有明确的人员分工及其席位、有统一格式指挥手段、有稳定指挥场所、有严格的值班、请示报告和协调制度,确保一有情况,通信能联上、人员能调出、情况能处置。通常,应使用不同的指挥手段建立至少两种以上的指挥网络(图 4-5)。

(2)专项指挥机构及基本编组。在军地联动综合指挥机构的统一指挥下,根据军、地各部门承担的具体任务,分别成立专项指挥机构,指挥所属部门进行

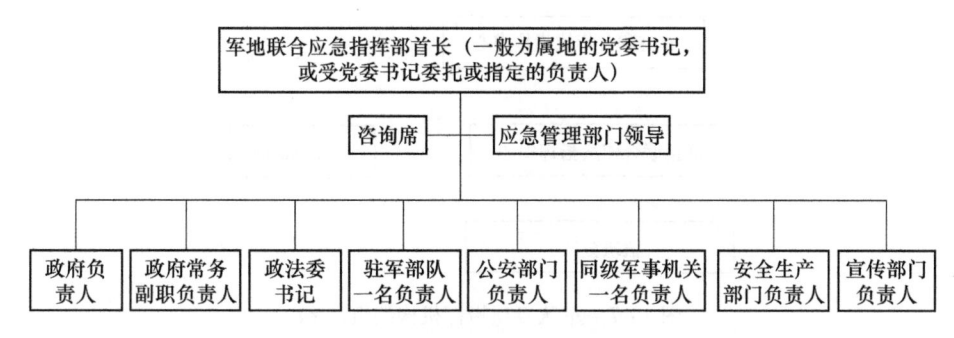

图 4-5　军地联动综合指挥机构编组图

专业化处理。以军队专项指挥机构为例,当军委联合作战指挥中心指挥战区处置各类突发情况时,通常构建"军委联合作战指挥中心－战区联合作战指挥中心－军级指挥机构－旅级指挥机构－值班分队"5级指挥体系,如图4-6所示。

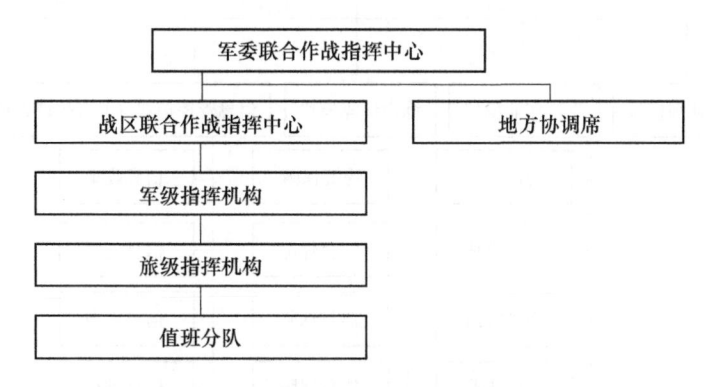

图 4-6　军队专项指挥机构编组(5级)

为方便军地现场协调,指挥部应设地方协调席,地方人员进入指挥现场,提供政策咨询和负责指挥协同。

对敏感紧急突发情况,为了快速高效处置,通常按照"军委联合作战指挥中心－战区联合作战指挥中心－值班分队"3级指挥体系,如图4-7所示。同样,指挥部应设地方协调席,以便军地现场协同。

(3)现场指挥机构及基本编组。从本质上讲,现场指挥机构是专项指挥机构的一种,在军地联动应急指挥机构统一指挥下展开行动。

现场指挥机构编组一般采取3级指挥体系,如图4-8所示。

(4)派驻指挥机构及基本编组。派驻指挥机构一般由上级业务部门首长带若干业务人员,组成一个相对简洁、精干高效的指挥组织,一方面指导和协助本地处置突发事件,另一方面在本地相关部门帮助下弄清事件原因,找出责任人,

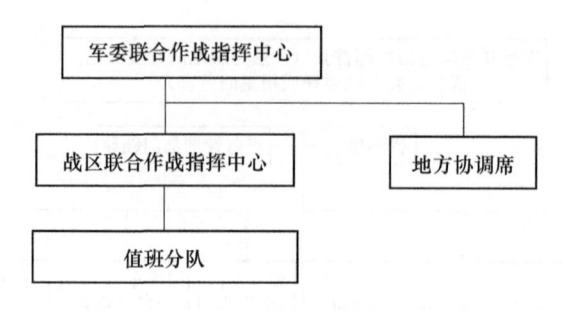

图 4-7　军队专项指挥机构编组(3级)

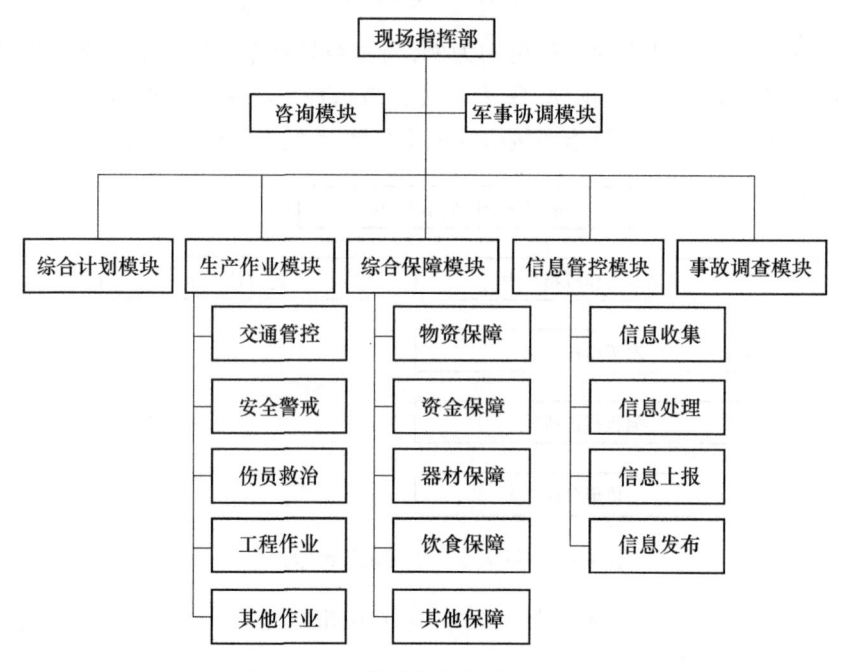

图 4-8　现场指挥机构编组(3级)

必要时,及时指出指挥中存在的问题,提高指挥时效。

4.1.3　规范指挥关系

指挥关系是指挥体系内各指挥机构履行指挥职责所形成的相互关系,其核心是指挥体系内各指挥机构的指挥权限与职责区分。指挥关系是否合理、顺畅,对保持指挥的高度统一、充分发挥指挥效能具有重要影响。

1. 军地联动应急指挥关系的类别

军地联动应急指挥情况复杂、指挥层级多、指挥对象不确定,一般情况下,有如下类型的指挥关系。

控制关系即隶属关系,是指应急指挥主体与应急指挥客体之间构成的完全配属指挥关系。通常情况下,被配属的指挥员拥有向配属力量下达应急任务、明确任务安排的权力,并根据需要向其提供后勤、装备保障支援;配属指挥员必须无条件地服从被配属指挥员的命令与应急行动指示,但被配属的指挥员通常不应干涉配属单位的人事与行政事宜。

指导关系是指应急指挥主体与部分应急指挥客体之间并不完全属于上下级间隶属的关系,指挥主体只能对这部分客体在业务工作上进行指导,对其工作成效予以监督,在没有特殊授权的情况下,这部分客体不能直接下达命令和实施指挥。

支援关系是指被支援单位与支援单位之间的指挥关系。根据上级预先下达的命令,被支援单位的指挥员及其指挥机构有权向支援单位进一步明确支援的任务、时间和要求,支援单位应根据被支援单位的需求,积极配合行动。

协调关系是指在应急指挥行动中,为达到应急行动目的,在没有隶属与指导关系的不同系统之间进行的沟通协作,如地方党委政府指挥部与省军区系统指挥部之间的关系。

协同关系是指在应急行动中构成友邻单位之间的指挥关系,本质上是一种主从关系。军地联动应急指挥机构在组织应急任务协同时,通常要明确主要应急行动和辅助应急行动。遂行主要应急行动的单位在协同关系中居于为主的一方,遂行辅助应急行动的单位在协同关系中居于为辅的一方。根据上级下达的命令和协同指示,为主的一方有权就有关协同事项向为辅的一方进一步明确协同任务、时间和要求,为辅的一方应积极予以配合。

军队联动应急指挥机构的指挥关系如图4-9所示。

应急管理部职责有指导各地区各部门应对突发事件工作,统筹应急力量建设和物资储备并在救灾时统一调度,组织灾害救助体系建设,承担国家应对特别重大灾害指挥部工作等。因此,应急指挥部将成为遂行军地联动应急指挥的主要平台,将成为党、政府和军队统一指挥应急救援行动的综合机构。

2. 军地联动应急指挥关系的调整转换

指挥关系调整转换是指改变原指挥关系,形成新指挥关系的活动。通常在任务转换、配属关系变化等情况下实施。在军地联动应急指挥时,由于应急情况瞬息万变,各种力量可能会随时发生调动和任务变换,应依据上级的命令,及时进行指挥关系的转换,与周边的指挥机构之间建立起不同的指导、控制、协调、协同、支援等关系。应急指挥任务完成后,各部门、专业、部队及时听令恢复原建制

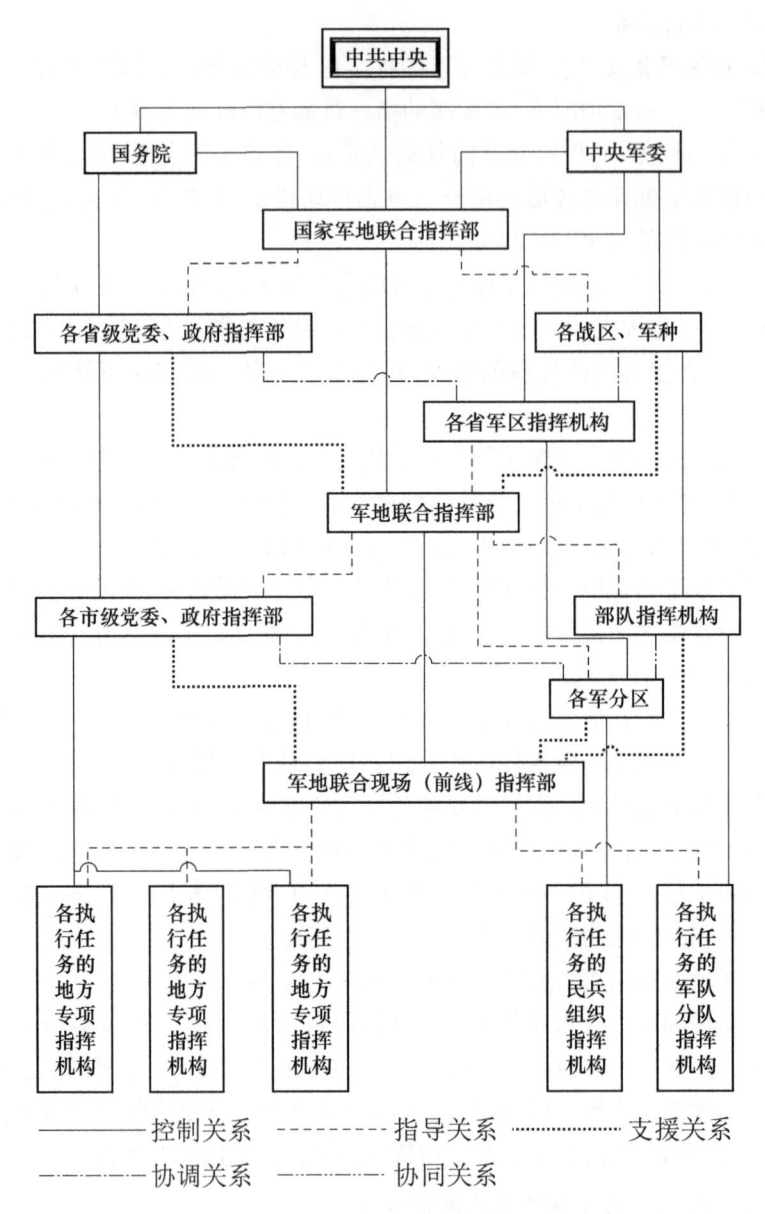

```
                    ┌──────────┐
                    │  中共中央 │
                    └──────────┘
                   ┌──────┴──────┐
              ┌────────┐      ┌────────┐
              │ 国务院 │      │中央军委│
              └────────┘      └────────┘
                   └──────┬──────┘
                  ┌──────────────────┐
                  │ 国家军地联合指挥部│
                  └──────────────────┘
         ┌──────────────────┐    ┌──────────────┐
         │各省级党委、政府指挥部│    │各战区、军种  │
         └──────────────────┘    └──────────────┘
                           ┌──────────────┐
                           │各省军区指挥机构│
                           └──────────────┘
                        ┌────────────────┐
                        │ 军地联合指挥部 │
                        └────────────────┘
         ┌──────────────────┐    ┌──────────────┐
         │各市级党委、政府指挥部│    │部队指挥机构  │
         └──────────────────┘    └──────────────┘
                                  ┌──────────┐
                                  │ 各军分区 │
                                  └──────────┘
                ┌──────────────────────────┐
                │军地联合现场（前线）指挥部│
                └──────────────────────────┘
```

图 4-9　军地联动应急指挥机构指挥关系略图

序列,即刻恢复原来的指挥关系。

军地联动应急指挥任务准备和实施过程中,指挥员不可避免地需要对所属力量的指挥关系进行必要的调整。调整指挥关系时应注意把握以下问题。

(1)预先做好调整的准备。指挥员在应急指挥准备阶段,通常应尽可能根据预案予以明确指挥关系。在应急任务实施过程中需要调整指挥关系,通常也应预先计划,并在应急行动计划中进行明确,以便在组织指挥时提前做好准备。

(2)力求避免过大的调整。指挥关系的调整属于指挥体制的重大变化,必须慎重行事。通常情况下,指挥员在应急行动准备阶段明确指挥关系,应尽量使之在应急任务实施的全过程中保持相对稳定。任务实施过程中必须调整时,也应避免大的调整,调整幅度过大容易造成指挥在一段时间内的混乱。

(3)注意关照下级实际能力。调整指挥关系时,有可能造成某些下级指挥任务的增加,一旦出现这种情况,指挥员应充分考虑下级指挥员及其指挥机关的应急指挥能力。

(4)同步理顺其他指挥关系。指挥关系是一个体系,指挥员在调整某一指挥对象的指挥关系时,应同步考虑与之相关的其他指挥关系的必要调整。

4.1.4 军地联动应急指挥机制

应急行动实践证明,只是合理地构建指挥体系、建立指挥机构、区分职责、明确指挥关系,难以确保军地联动应急指挥有效实施,还必须对军地联动应急指挥过程中各主要环节的指挥内容、程序与方法等,预先做出正确的规定。由此看来,军地联动应急指挥机制是为保障军地联动应急指挥体制有效运行,对军地联动应急指挥有关的活动、程序和方法所作规定的总和。

1. 军地联动应急情况报告与通报机制

军地联动应急情况报告与通报机制对各级指挥机构在指挥过程中上报情况和相互通报情况等做出的规定。

建立情况报告机制,应明确报告情况的内容、时机、程序与方法,特别是在紧急情况下或报告重大情况时的程序与方法。信息化条件下,指挥员需要更为及时地掌握与应急行动全局有关的各方面情况。下级的情况报告,特别是关于重要灾情或险情,以往逐级上报的方式已经不能满足需要。建立军地联动应急情况报告机制,需重点明确此类情况实施越级上报的程序和方法。

建立情况通报机制,应明确向所属军地各指挥机构及其内部各部门之间通报情况的内容、时机、程序和方法。可依托信息技术研发军地联动应急指挥信息系统,通过建立相对完善的情况通报机制,实现军队和地方各应急救援力量之间的信息共享,充分利用军地各种情况信息资源,最大限度地发挥其效益。

2. 军地联动应急行动决策机制

军地联动应急指挥决策机制是对军地联动应急指挥决策活动的规定。其中,最典型的是定下应急行动决心的决策机制。这一机制通常应包括以下内容:应急行动决心的内容;定下联动以及行动决心的方法、步骤和时间性要求;应急行动决心的审批程序及权限;调整应急行动决心的报告程序与审批权限等。

3. 军地联动应急行动计划机制

军地联动应急行动计划机制是对军地联动应急行动计划活动的规定,通常包括应急行动计划的种类与内容、组织和展开制定计划、审批计划、调整计划等。应急行动参加力量多元,行动多样,为确保军地联动应急行动密切配合、协调一致,发挥出应有的整体效应,周密制定联动应急行动计划是一项十分重要的措施。

4. 军地联动应急行动协同机制

军地联动应急行动协同机制是对指挥员及其指挥机关组织协同活动的规定。军队在合同战役条件下,战役协同机制主要是由计划协同与临机协同方法互相结合而形成的,这两种方法对军地联动应急协同机制同样十分重要。由于军地联动应急协同自身的特点,要求计划协同方法与临机协同方法的操作程序和内容规定应更为清晰、明确;同时要进一步发挥下级指挥员的主观能动性,对其根据应急现场实际实行自主协同的权限、程序和方法等,做出明确规范。

4.2 力量体系

军地联动应急指挥处置行动中,尤其是大规模行动,包括军队系统在内的大部分处置力量都是临危受命,需要经过专业的训练,在心理和技能方面做好充分准备。在组织实施灾害救援等专业性强的行动时,为了第一时间完成任务,在坍塌的建筑、滑坡的山体等处置过程中,若缺乏相关专业知识和学科理论,只能凭借自身经验,不能做到科学处置,往往难以达成良好的救援效果。在当前社会转型的关键时期,健全和完善国家应急管理机制,建设一支全域机动、分级分类、随时可用、模块组合、灵活多能的力量体系,是维护国家和平与社会稳定的重要基石,也是提高人民群众安全感、幸福感的基本要求。

近年来,军队和地方均高度重视应急力量建设,各自独立组建了多种专业应急救援队伍,大大提高了突发事件应急处置能力。但目前仍存在职能交叉、机制不畅、力量重叠、职能模糊等突出问题,既影响建设效益又影响使用效果。特别是2018年9月至10月,原隶属于解放军现役编制的中国人民武装警察的部分力量转隶到应急管理部,新情况新使命驱使政府职能部门必须做到未雨绸缪,及时筹划好未来军地联动应急力量建设和运用问题。鉴于此,可着眼盘活既有力量资源,突破体制机制壁垒,构建灵活多能的军地联动应急力量体系。准确把握军地联动力量体系构建原则,基于职能、着眼任务需要,布局合理、规模适度,实现军地优势互补。

大力加强军地联动力量体系建设,要优化军地联动力量体系布局结构,加强军地联动力量体系向常态化、专业化、规范化方向发展。按照突发事件性质由轻到重、规模由小到大的发展趋势,结合我国军地处置可能突发事件的现有力量基础,重点建设地方专有力量、地方过渡力量、军队常备力量、军队通用力量四种类型灵活多能的模块化常规力量体系。同时,着眼技术发展变化和社会应急管理需要,积极建设"全域机动、分级分类、灵活多能"的敏捷型、专业化军地联动应急处置力量体系,如图4-10所示。

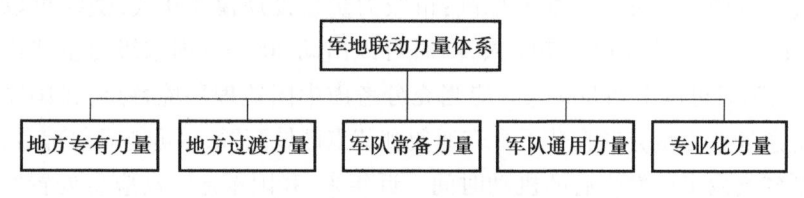

图4-10 军地联动应急处置力量体系

4.2.1 地方专有力量

地方基于区域特点,储备一支随时可用的"专有力量"。以地方政府应急管理部门为统领,以相关部门的领导和不同领域的专家为骨干,以军队、特警、消防、疾病防控中心、地震、水利等领域精干专业力量为基础,建立随时可用的全域、全时、全能的应急处置力量。要根据当地的实际潜力和装备器材特点,组建遂行任务急需、快速转换形成战斗力、能够有效遂行任务的队伍,尤其是要针对当地力量空白和薄弱环节,适当扩大通信、工程、防化、医疗等应急专有力量的规模。

地方"专有力量"构成图如图4-11所示。

"专有力量"建设要求是"敏捷响应",由指挥机构随时直接指挥控制。地方"专有力量",由地方应急管理部门领导,主要包括专业领域咨询力量、武警力量、医疗救援力量、水利施工力量、地震救助力量,以及其他相关力量。

建设目标是不经人员扩充、不经临战训练,可以满足随时遂行处置小规模的应急突发事件的需要;可以初步遏制中等规模突发事件态势发展;能对大规模或超大规模的突发事件发挥前期接触处理和积极缓冲的作用。

```
                 ┌─────────────────┐
                 │  地方"专有"力量  │
                 └────────┬────────┘
                          │
        ┌─────────────────┴─┐    ┌──────────────────────────────────┐
        │   应急管理部门     │────│ 建设目标：不经人员扩充、不经临战训练，可以满足 │
        └─────────┬─────────┘    │ 随时遂行处置小规模的应急突发事件任务需要（两个 │
                  │              │ 不经，一个遂行）；可以初步遏制中型规模突发事件 │
                  │              │ 态势发展；能对大规模或超大规模的突发事件发挥前 │
                  │              │ 期接触处理和积极缓冲的作用                  │
                  │              └──────────────────────────────────┘
```

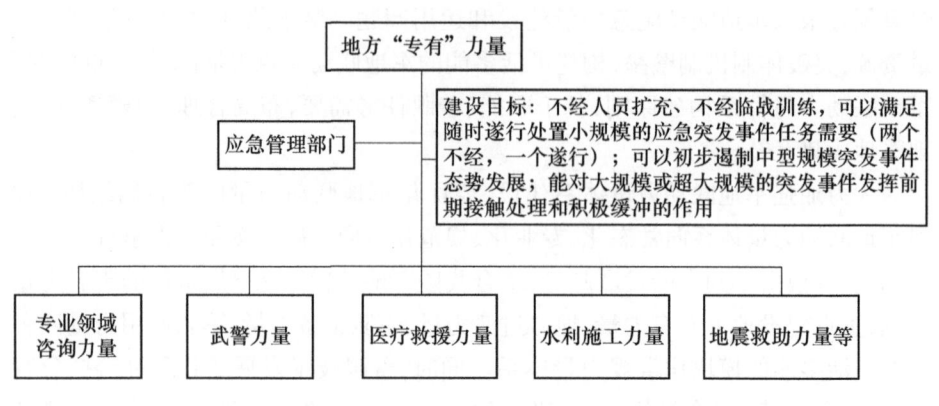

图4-11 地方"专有力量"构成图

建设规模大致可参照如下标准：市级力量建设规模350人，随时可以出动100人；省级力量建设规模700人，随时可以出动200人；国家级力量建设规模3000人，随时可以出动800人。应当充分考虑中国地理环境特点，将国家级的专有应急处置力量分散在若干个交通便利节点区域配置，尽可能靠前部署，以尽可能节省突发事件发生后的机动时间。近年来，我国军地联动应急处置突发事件主要以抗洪抢险、森林防火、维稳处突、疫情防控等为主，因此，各地立足可能威胁风险，尽可能组建有针对性的力量体系，江河湖泊易发洪灾地区多建抗洪抢险力量，森林山区多建森林防火力量等。不同地区、不同单位根据不同情况可酌情增减专有力量。

4.2.2 地方过渡力量

政府基于管辖形势，保持一支规模适度的"过渡力量"。以政府主要领导为统领，以相关部门的领导为骨干，以管理和组织基础较好的武警、民兵、公安、医院等力量为基础，建立一支介于军事力量和地方力量之间、具有较强组织性、纪律性的过渡处置力量体系，如图4-12所示。

"过渡力量"建设的要求是"够用"，由指挥机构灵活指挥控制使用。地方"过渡力量"除地方政府机构外，还包括专业领域咨询力量、武警力量、民兵力量、医院和公检法等社会力量。

建设目标是通过简单动员，能够形成一定规模数量，基本可以满足中小规模突发事件的处置需要，并能初步控制大规模和超大规模突发事件的态势。关注社会团体和民间组织的应急救援力量，如蓝天救援队作为纯公益应急救援机构，是政府应急体系的辅助力量，协助政府完成各类灾难事故的救援任务。

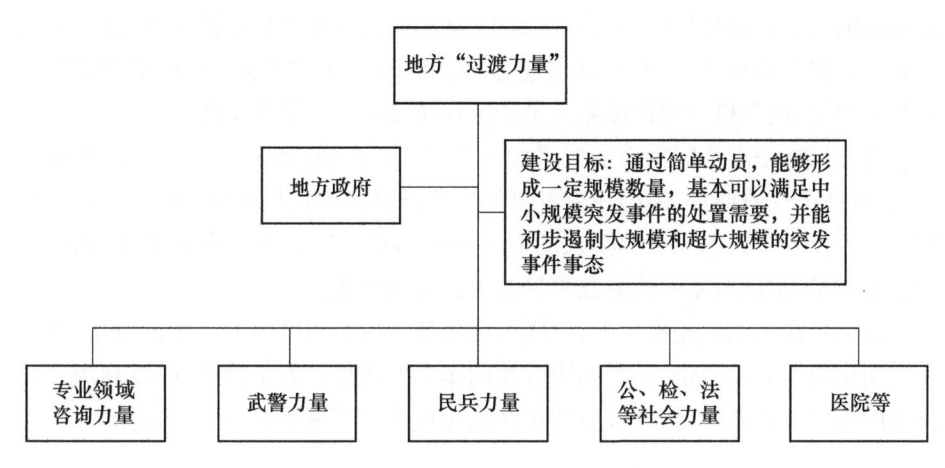

图 4-12　地方"过渡力量"构成图

4.2.3　军队常备力量

军队发挥兵种特长,形成一支专业能用的"常备力量"。以军队各级指挥机构统领,以分散各地驻防的工兵、防化、医疗力量为主要骨干,充分发挥其专业特长,根据需要遂行各种军地联动应急行动,形成一支组织纪律性强、专业处置能力好、具备随时能够远距离调度的常备力量。军队"常备力量"构成图如图4-13所示。

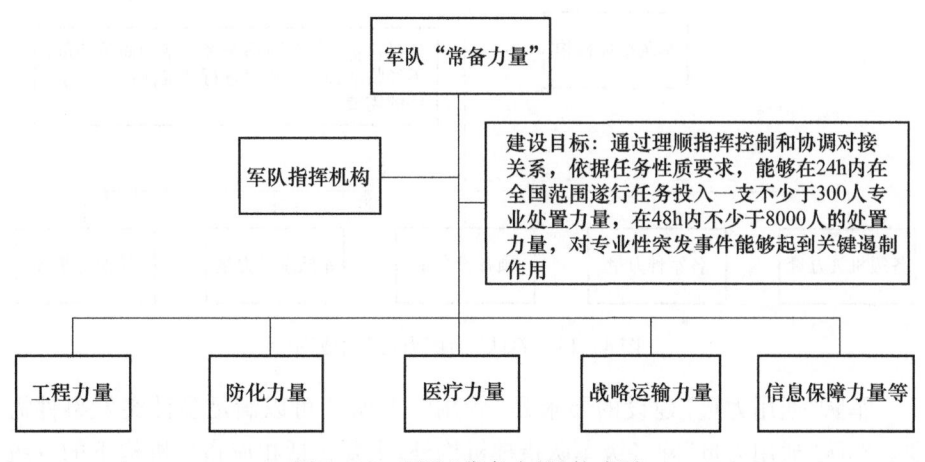

图 4-13　军队"常备力量"构成图

军队"常备力量"建设的要求是"能用",其听令可以随时进行专业性处置。军队"常备力量"除军队指挥机构外,主要包括工程力量、防化力量、医疗力量、战略运输力量和信息保障力量等。其中,陆军应急专业力量包括抗洪抢险力量、地震灾害紧急救援力量、核生化应急救援力量、交通应急抢险力量、空中紧急运输服务力量、应急机动通信保障力量和医疗防疫救援力量7支队伍。

建设目标是满足国家安全战略发展需要,高度关注重特大突发事件发展事态,依据任务性质要求,能够在突发事件发生同时启动危机响应,24小时内在全国范围内投入一支不少于300人的专业处置力量,在48小时内不少于8000人的处置力量,实现对专业性突发事件的关键遏制作用。

在力量使用的优先次序上,原则上优先使用所属防区内专业处置力量,其次集中使用战略运输力量,调集周边驻扎的军事专业处置力量,然后可以利用地方投送的军事专业处置力量,最后使用摩托化输送的军事专业处置力量。

4.2.4 军队通用力量

军队突出应急特点,建设一支较高战备的"通用力量"。以国家最高指挥部为统领,以满足国家安全战略需要为根本目标,依托既有军队指挥体系,以所有现役军事力量为基础,不考虑军兵种专业限制,建设一支听党指挥、一专多能、战备水平高的应急突发事件处置力量。军队"通用力量"构成图如图4-14所示。

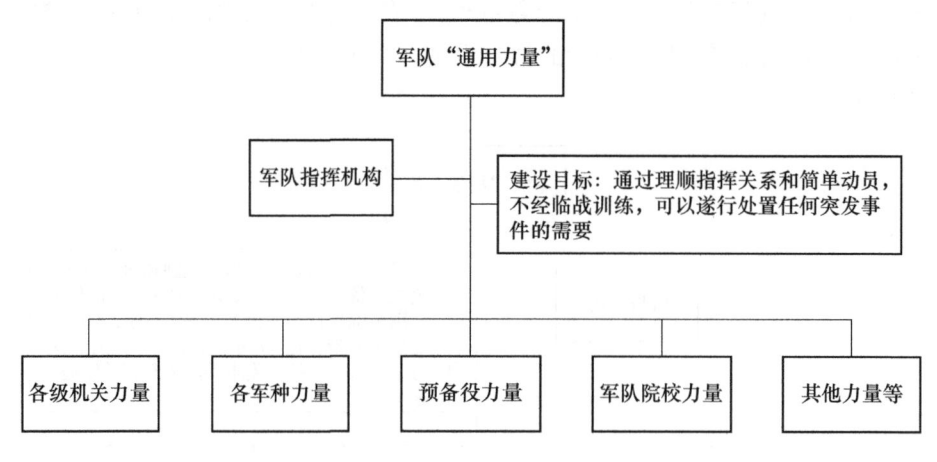

图4-14 军队"通用力量"构成图

军队"通用力量"建设的要求是"管用",其听令可以满足多种突发事件需要。军队"通用力量"除各级军队指挥机构外,主要包括相应指挥机构下的各级机关力量、各军种力量、预备役力量、军队院校力量等。

建设目标是通过理顺指挥关系,不经临战训练,只需进行简单动员就可以遂行处置任何突发事件。

4.2.5 建设专业化力量体系

传统"一(支队伍)对多(种职责)"的军地联动力量体系可以充分节约资源,提高指挥效益。但随着网络社会的兴起、人工智能的快速崛起、便携化无人装备的日益普及,以及社会分工日益细化、生产生活范围越来越宽广等情况,未来突发事件的性质和种类将会发生重大变化,将由一般的抢险、救火、抗震等传统应急救援,向处置诸如高铁事故、空难、金属粉尘爆炸、核灾难、剧毒化学品事故、网络灾难等新生应急救援发展,目前的军地应急联动力量体系已难以满足需要,迫切要求处置相关事件要有相应的专业化力量。因此,可按照"常态应急、突出专业、标准规范"的具体要求,根据不同地区、不同单位、不同行业等实际情况有针对性地加强专业化应急力量建设。军地联动应急指挥专业化力量图如图4-15所示。

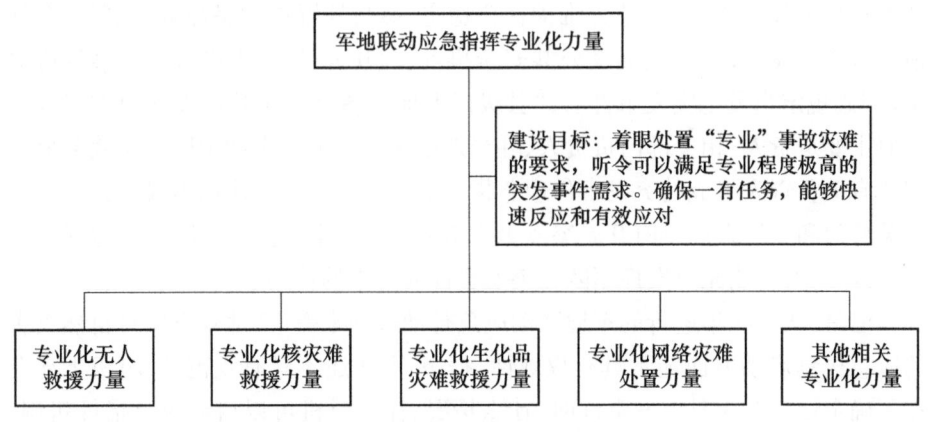

图 4-15 军地联动应急指挥专业化力量

专业化力量建设的要求是"专业",其听令可以满足专业化程度极高的突发事件需要。确保一有任务,能够快速反应和有效应对。军地联动应急指挥专业化力量包括专业化无人救援力量、专业化核灾难救援力量、专业化生化品灾难救援力量、专业化网络灾难处置力量,以及其他相关专业化力量等。

专业化力量应以行业系统、大中型企业、科研院所和乡镇企业、农村新经济体为依托,进行模块化的后备力量编组,提高科技含量,提升专业化水平;依托专业社会组织,作为后备力量的有益补充;促进非政府组织在社会管理和公共服务等领域中发挥日益重要的作用。让这些数量众多、专业齐全、经验丰富、组织灵活的"新兴力量",成为军地联动应急力量体系的重要动员潜力增长点。如洪涝、地质灾害、火灾多发地区,应突出抓好抢救自然灾害的应急力量建设;维稳重点地区,应突出抓好反恐维稳的应急力量建设;核生化、能源等大型厂矿、企事业单位集中地区,应突出抓好专业救援应急力量建设。

综上所述,力量是根基,应着眼国家安全战略发展需求,破除"等、靠、要"思想,着力突破突发事件处置人力资源需求论证等技术性难题,定向定量培养、储备人才,合力建设一支灵活多能的军地联动应急指挥力量体系。

4.3　法规体制

军队参加突发事件处置,是宪法和法律赋予武装力量的重要任务。2005年《军队参加抢险救灾条例》明确规定,军队参加抢险救灾应当在人民政府的统一领导下进行,具体任务由抢险救灾指挥机构赋予,部队的抢险救灾行动由军队负责指挥。2006年《军队处置突发事件总体应急预案》规定军队承担的五大任务:处置军事突发事件、协助地方维护社会稳定、参与处置重大恐怖破坏事件、参加地方抢险救灾、参与处置突发公共安全事件。《中华人民共和国突发事件应对法》明确规定当发生突发事件后,"县级以上地方各级人民政府设立由本级人民政府主要负责人、相关部门负责人、驻当地中国人民解放军和中国人民武装警察部队有关负责人组成的突发事件应急指挥机构,统一领导、协调本级人民政府各有关部门和下级人民政府开展突发事件应对工作。"因此,只有做好军地联动应急指挥工作,才能充分发挥军队在突发事件处置中的作用。

但是,从近些年进行的军地联动应急行动过程来看,军地双方应对自然灾害的应急机制启动方面还不具有权威性,程序、方法还不具有规范性,时机上还存在不确定性。在应对突发事件时,什么情况、什么时机可以启动应急指挥机制,由谁授权启动应急机制,启动应急机制的标准与条件,启动的程序等问题都没有明确和规范。

《中华人民共和国突发事件应对法》为军地联动实施应急救援提供了必要的法律依据。军地双方应当以该法为基本依据,加紧制定处置突发事件应急指挥的有关法规,军队应急指挥体系应当以作战指挥体系为依托,适当充实其他指挥要素,拓展非战争军事行动应急指挥功能,形成应急指挥与作战指挥功能兼容、属地指挥与建制指挥相互补充的指挥体系。同时,各战区指挥机构,应根据当地可能发生的突发事件,加强与地方各级政府的对接,与地方党委、政府协商制定相应地方性法规,着重解决如何实现地方党委统一领导与军队按建制指挥有机融合,如何最大限度地发挥军队在突发事件应急处置中的优势,如何动员社会资源保障军队抢险救灾行动等基本问题,促进军地指挥体系的有效融合,确保在突发事件发生后军地各方力量按照统一的部署安排，协调一致地开展行动。2024年修订的《突发事件应急预案管理办法》对"组织体系"中的领导机构、办事机构、工作机构、地方机构、专家组做出了规定，但没有对军地联动应急指挥体系进行明确。在突发事件的各个专项预案中，也没有对军地联动应急指挥体系的组织结构、指挥方式和指挥手段做出规定。2025年《国家突发事件总体应急预案》明确要依法将军队应急专业力量纳入国家应急力量体系，但依然未对具体力量使用做出详细规定。

加强军地联动应急行动的法制化建设，把整个应急工作建设纳入法制和制度的轨道，按照有关的法律法规来建立健全预案，依法实施应急处置工作，要把法治精神贯穿于应急行动的全过程，建立"依法行政、权责明晰、奖惩分明"的权威型法规体制。

4.3.1　确立军地联动应急指挥适用法规

主要从法律层面明确军地联动应急行动的适用范围、时机、参与强度及方式等问题，同时明确结束军地联动应急行动的条件、时机及方式等。军队和地方政府应针对可能的应急情况，加强统筹协调，共同制定行动方案，规定军地双方各自的职责，明确军队介入和退出的时机和方式，完善军地联动应急指挥的联系制度、商议制度和报告制度。

4.3.2　确立军地联动应急指挥权责法规

主要从法律层面明确属地建立军地联动应急指挥机构应有的权力和责任，如何按法定程序联系和寻求军事力量的支持和帮助，在应急行动中如何规范地使用现场的军事力量等。同时，也规定指挥机构负责指挥时应当承担的责任，以及与上级、下级、友邻之间指挥机构的关系。此外，也应该明确规范上级派驻指挥机构、专项指挥机构、现场指挥机构等机构的权责问题。

明确权责关系有利于解决在军地联动应急指挥过程中个别地方领导不了解军队用兵规定和指挥程序，误认为地方党委统一领导就是直接对部队实施指挥，使得在应急指挥过程中缺乏规范性、有序性和有效性；有的不能正确区分任务，且没有针对性地赋予任务，在任务划分时缺乏高效的统筹，原本应由公安、民兵担负的任务也要求部队执行，使得真正参与救援的部队不能发挥自身优势；有些部队在执行任务中，与地方协调不够及时、方法不够灵活，造成地方不必要的误解。以制度或法规的形式明确各级政府与军队的职责与权利，有利于形成连贯有效的应急救援，避免因权责不清，导致指挥关系混乱，延误应急救援任务。

要以法规的形式确立在军地联动应急指挥行动中表现突出的军地组织和个人要给予表彰与奖励,对在军地联动应急指挥行动中因指挥失误或人为原因造成严重后果、涉嫌违法犯罪的,要依法追究法律责任。

4.3.3 确立军地联动应急指挥关系法规

针对军地联动应急指挥过程中存在的复杂指挥关系,需要从法律的角度对相关内容进行细化和规范。由于平时军地联合演练少,部分单位的指挥权限划分不够明确,还存在个别地方领导越权指挥部队的情况。在应急处置过程中暴露出地方政府、军队机关以及国防动员系统之间的指挥关系还不是很顺畅,缺乏相应的法律依据,各自的职能分工还不是很明确,更多的时候是按照单位的级别确立指挥关系,军地双方主要通过协调与沟通的方式完成相应的指挥任务,组织指挥比较混乱,随意性大。因此,需要明确指挥协调程序。

分析突发事件典型案例,军队、武警和地方党政部门的配合总体上是好的,但在突发事件初期存在军地"接口"不顺畅,甚至"合不起来"的问题。行动中,驻军部队、武警部队、省军区系统和地方政府都会派出指挥机构,但相互间没有指挥和隶属关系,初始阶段未能形成有机的整体,后经过临机会商,确定部队大规模集结使用时以部队指挥为主,在警戒调整时以武警部队为主,在疏导交通时以省军区、军分区和地方协调为主,局面得到了改观。因此,要明确指挥机构、指挥关系以及指挥的主要内容。需要尽快完善军地快速反应、统筹应对的应急联动机制和军地联合、分工协作的属地指挥机制,强化权责明晰、行为规范的联合保障体系。抓紧完善军队应对重特大突发事件的指挥模式,加强应急指挥手段建设,改进情报信息报知、共享、互通手段和渠道,缩短情报信息流转的速度,提高指挥的效率。

在此轮军队改革过程中,建立了军委—战区—任务部队的三级指挥体系,减少了指挥层级,指挥关系更加明确,但是对于非战争军事行动中的应急指挥机制,军委联指、战区联指、任务部队之间如何有效运行、职能如何区分、应急指挥手段如何构建,这些问题需要进一步研究解决,并以法规形式落实。

4.3.4 确立军地联动应急指挥配套法规

《中华人民共和国突发事件应对法》于 2024 年修订,各地方、各行业、各部门应结合实际情况,完善优化其地方法规或制订各项相关的配套制度,特别是有关应急救援队伍、应急物资、应急避难场所等方面的制度,明确地方政府、军队在应对重特大突发事件行动中的基本任务和原则。同时,在风险评估的基础上,根据应急实战与演练的情况,修改、补充和完善应急预案,并注意保证各级、各类预案之间的衔接和兼容。

应急预案需要提高针对性。应对各种重特大突发事件,需制定系统配套的总体预案和具体行动计划,特别是针对不同性质、不同程度的突发事件,需要可操作性、指导性和实用性的应急方案。

关于军地联动应急指挥未尽事宜,主要针对军地联动处置未知事件的特殊情况,对一些在未来难以把握的问题进行明确和规范。从国家安全战略层面讲,构建完善军地联动应急指挥体系,是将军事力量与地方力量统筹起来运用,将国家安全战略具体落地、落细、落实,并将具体事宜规范到可操作程度。解决上述问题的根本出路在机制和法律。规范权威的法规是确保军地高效处置突发事件的基本遵循,也是长期经验性积累的规律性指导方法。

4.4 小 结

随着军队(含武警部队)越来越多地承担非战争军事行动职责,需要更好地完善和健全国家的应急管理体系,实现与国防动员体系的有效融合。

(1)理顺指挥关系,提高指挥协调效率。在纵向指挥关系上,坚持"分级负责、属地管理"原则,把握好靠前指挥、越级指挥的度,不倡导微观指挥。抢险救灾和应急救助工作一般以地方为主,中央给予必要帮助,应对措施由最了解一线需求的基层指挥员定夺,做到重心下移、资源下倾、力量下沉。在横向协同关系上,军地联动强调的是政府为主,以军助民。由于参与救援的实体来自各行各业,平时不构成隶属或领域关系,参加联合指挥机构后,更多的是协商、协调、合作的关系,联合指挥机构应当强调"和谐胜于统一"。

(2)提升专业素养,整合利用力量资源。倡导科学救援机制,指挥员必须具备相应的专业知识,优化调配资源,精细组织专业力量,合理引导社会力量。要强调投入产出比,一般灾害无须实行"举国体制",减小社会动员幅度,避免不计成本的过度响应。军队的主职主业是"准备打仗",应急处置的骨干力量是专业救援队,而不应是常规的作战部队,在使用军队力量时要改变人海战术的观念,充分发挥军队在威慑力、组织力、机动力和保障力等方面的特长。

(3)完善法规体制,补充细化保障条令。对于重特大突发事件,需要从法律上明确动用军队的条件。同时,军队现有的条令条例颁发十多年,需要细化补充,对专项任务中的非战争军事行动和非军事救援行动应有所区分,在修订共同条令和训练条例中增补有关处置突发事件的条款。

第 5 章 机制与保障

　　准确、及时、全面的信息,是军地联动应急指挥科学决策的前提。随着信息技术尤其是人工智能技术的不断创新发展,开辟了构建信息保障体系和发展新技术装备的新路径,有利于统筹军地各系统、各部门、各单位的力量,整合资源,共享信息。

　　本章主要从军地联动应急指挥平台、情报体系、应急通信网络以及应急指挥评估4个方面进行阐述。军地联动应急指挥需要军地双方指挥人员联合决策,对多种力量进行统一指挥调度,可在军地双方现有指挥平台和指挥信息系统的基础上,遵循开放兼容、要素集成、融合共享的理念,构建"体系完备、功能全面、协同高效"的应急指挥平台;依托军地双方的情报部门,搭建"格式标准、流程规范、全域共享"的情报网络,具有覆盖全域、突出重点区域、兼顾关联区域的能力;构建"多模兼容、群路部署、信网支撑",具有全域接入能力的应急通信网络,是实现军地联动应急指挥通联的物质基础;军地联动应急指挥系统是否有效,需要对其进行科学合理的评估,应急指挥评估是对应急指挥体系全方位、系统性的评价和检测,从而实现系统功能不断完善,保障应急指挥能力优化提升。

5.1　应急指挥平台

　　军地联动应急指挥平台是军地双方以保障重特大应急行动指挥为目的,在军地现有信息系统的基础上,通过加强顶层设计和体系推进,构建支持联合态势感知、联合指挥决策、联合力量控制和联合支援保障的网络化、服务化、智能化指挥信息系统。军地联动应急指挥平台是贯彻落实总体国家安全观、提升应急行动指挥协同能力、有效防范和应对重特大突发事件的重要基础和支撑条件。

　　随着信息技术迅猛发展和国家治理现代化水平稳步提升,应急指挥平台作为应急指挥体系的重要基础,在推动国家治理能力现代化建设中正发挥着越来越重要的作用。但是,在军地联动应对重特大突发事件时,还存在联合通信保障能力不足、各部门各领域信息系统难以互联互通、基础信息融合共享程度不高、缺乏协同高效的指挥控制手段等突出问题。主要表现在:一是顶层设计统合不够。由于缺乏统一的顶层设计,军地各部门各自为政,分散建设,涉及各行各业,门类众多,烟囱林立,但整体发展还不均衡,重复建设多、平台体制老旧、结构封闭、功能单一,整合难度大。二是技术体制不统一。军地技术体制的不统一导致同类系统难以做到互联、互通、互操作,资源无法共享。三是联合指控缺乏手段。参与应急行动职能部门涉及军地各单位,应急指挥力量互不隶属,指挥协同难度大,效率低。军队系统不掌握地方气象、交通等即时信息,地方也不了解部队和民兵预备役部队情况,不利于统一调动资源。

构建科学高效的一体化应急指挥平台是实现应急指挥不可缺少的手段,是军队联动指挥发挥枢纽作用的基础,是建立军地联动机制的前提。目前地方基本建成了部省市县四级贯通的应急指挥信息网和自上而下的应急指挥平台体系,军队建设了指挥信息系统,但是军地之间没有建立统一的应急指挥平台。应当依托国家应急动员体系,逐级建立军地各类应急行动指挥机构,依托互联网技术实现军队和地方之间信息系统的互联互通、资源的整合与共享、数据的分类与汇总,从而实现不同业务领域信息的共享共用。

5.1.1 平台建设目标

军地联动应急指挥平台建设的根本目标是保障军地指挥人员联合决策和多种力量统一指挥调度,需要依托军地现有网络信息系统建设成果,结合军地联动应急行动的具体任务需求,遵循开放兼容、要素集成、融合共享的理念,科学设计军地联动应急指挥平台运行架构。

军地联动应急指挥平台可划分为国家级、省级、市级三级体系,各级平台主要支撑本级应用,根据需要与上、下级平台纵向联动,省级、市级可根据实际情况,建设统一的区域性联合指挥平台,县级以下原则上部署上级联合指挥平台的接入系统。国家级平台与军方互联要遵循相关安全保密规定和管理要求,实现与军委、国防动员系统、警备区/省军区、军分区应急指挥信息系统安全信息隔离交换,合理整合军地各级各部门的信息资源,实现透彻感知、安全互联、高效指挥和精确行动。各应急行动任务分队可依托统一的战术协同云,在不同类型力量之间共享一张态势图,互相传递情况信息,协同开展联合行动。

5.1.2 平台体系架构

军地联动应急指挥平台架构核心可归纳为"整合一张网、融合一个环境、集成一个平台、优化四类体系、服务多项应用",重点解决军地共用基础设施互联互通和信息资源共享,联合态势感知、联合指挥决策、联合力量控制和联合支援保障,以及面向不同应急任务需求的联合行动等问题。军地联动应急指挥平台体系架构如图5-1所示。

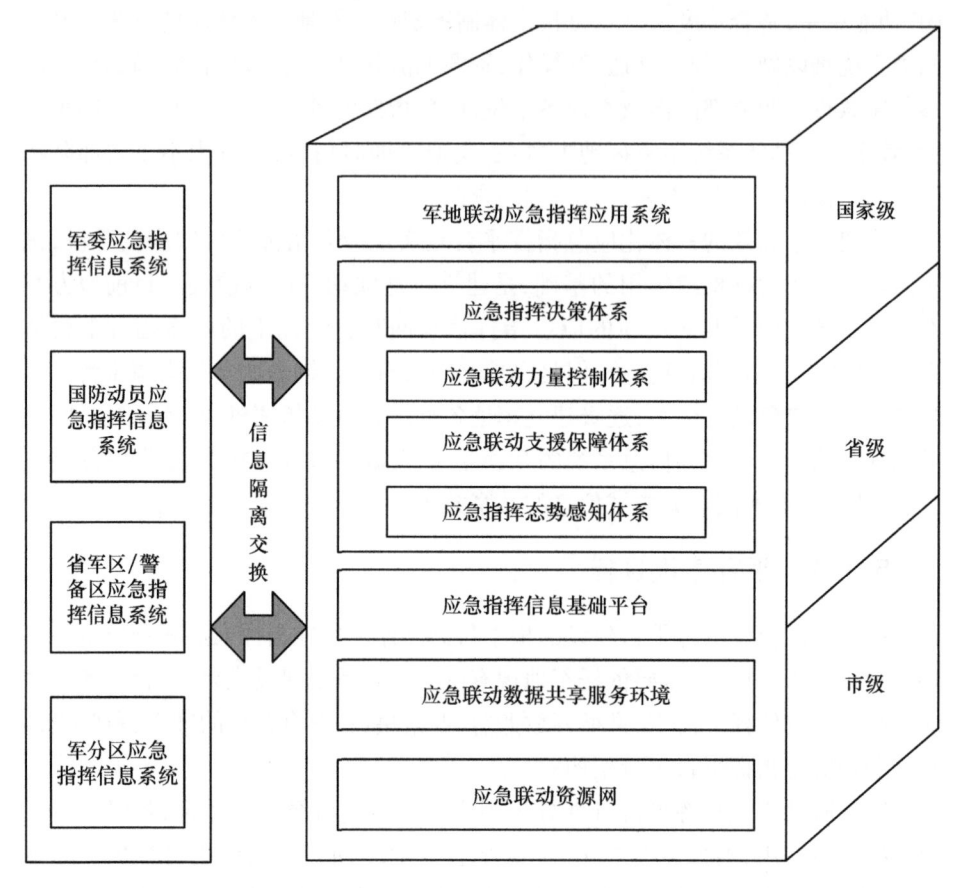

图 5-1 军地联动应急指挥平台体系架构

1. 应急联动资源网

应急联动资源网是依托军民共用的信息基础设施,通过整合视频感知、网络通信、时空基准、计算存储,以及智能"端"等各类资源,形成面向军地联动应急指挥的泛在互联虚拟资源网络。应急联动资源网聚焦构建统一协同的"一张网",分层次、分类别整合军民共用的国家光缆网、公众移动通信网络、军民两用卫星通信系统以及短波、超短波应急无线通信系统;成体系集成构建军民空天、海洋环境监测监视预警设施;统筹布局军民兼容的国家大型计算、存储和灾备设施以及军民协同合作的电磁频谱监测、检测和探测网系;按照军民通用标准体系逐步形成联合数据资源,实现各类资源的统一控制、调度和协同,为军地联动应急指挥各类资源全要素融合和联合指挥提供基础与前提。

2. 应急联动数据共享服务环境

应急联动数据共享服务环境面向军地联动应急指挥需要,基于基础资源服务和行业资源服务,在注册跨领域跨部门跨网系数据源,定义业务数据结构、存储格式以及获取策略的基础上,提供多源异构数据的安全高效共享服务。应急联动数据共享服务环境的核心是多网系数据隔离交换中心和多源异构大数据智能分析平台,通过隔离交换中心,引接政府、军队、公安等部门业务数据,以及智慧城市和物联网等数据,汇聚互联网关键信息,根据策略从多数据源获取业务数据,通过信息提取和格式转换并存储在各类业务库中;大数据分析平台利用深度学习等算法融合分析多源异构数据,并提供数据挖掘、分析和决策等服务支持。

3. 应急指挥信息基础平台

应急指挥信息基础平台是依托应急联动资源网和应急联动数据共享服务环境,集成构建的面向军地联动应急指挥的共用平台,提供全局资源服务和通用功能服务,为上层应用系统提供基础运行环境。可按需使用并提供联合态势感知、联合指挥决策、联合力量控制、联合支援保障等通用化、服务化功能,支持服务按需访问和系统快速重构,为应急行动指挥提供基础服务平台和资源保障。

4. 应急指挥态势感知系统

应急指挥态势感知系统基于统一的时空基准资源,整合军地现有的各类感知探测资源,实现态势信息、环境信息的网络化协同获取与融合处理,生成统一态势,形成一体化的态势感知分析能力。融合构建感知探测网,对现有各类传感器进行资源虚拟化改造,部署无线传感器网络、物联网,实现对传感资源的协同运用。建成专业、完备的联合态势感知系统,提高态势信息、环境信息的融合处理、共享交换和按需服务能力,形成综合态势"一张图"。研制精干高效的智能综合信息终端,聚焦军地应急行动指挥需求,完善动态自组网、任务规划和态势显示等功能。

5. 应急指挥决策体系

联合指挥决策体系以军地联动应急指挥体系为基础,支持联合行动任务分析、力量编组、方案计划制订、方案推演评估、命令指令生成等,为各级各类指挥机构判明情况、定下决心、精确筹划、高效组织各种行动提供支撑。研制联合行动任务规划软件,实现军地多方力量和战略、战役、战术分布协同规划,用户可根据任务灵活构建作战筹划域,在人工智能、人机协同、大数据等技术支撑下,实现作业数据同步、环境同构、结果交互确认,快捷完成联合行动任务规划,实现军地力量协同行动,行动保障一体组织,战役战术一体联动。

6. 应急联动力量控制系统

应急联动力量控制系统按照联合行动方案计划、实时态势以及突发事件,掌控军地各类行动力量和抢险救灾行动,以确保各方力量在联动指挥下精准释放救援力量和物资。打通情报链路和指控链路,实现军地指控平台高效连接,支撑网络化行动控制,研制军地联动指控终端,统一各方力量和平台代码指令标准,实现统分结合的扁平化数字指挥;改造典型平台相关系统,支持端到端数据应用,实现末端行动状态掌控能力。

7. 应急联动支援保障系统

应急联动支援保障系统以联合行动任务需求为牵引,为各级指挥机构和保障力量实时提供宣传、物资、设备、国防动员等保障态势,为拟制保障计划,调配保障资源、监控保障过程、评估保障效果提供网络化支撑能力。集成构建应急联动支援保障系统,并实现支援保障系统与军地已有资源保障平台的互联互通互操作,通过应急联动数据共享服务环境打通跨网信息链路,统一信息交换标准,完善安全交换手段,实现保障业务平时和应急状态无缝转换,全程透明可视。分类组织各级支援保障系统建设运行,依托应急联动资源网和应急联动数据共享服务环境,充分发挥军地各级各类保障资源综合优势,逐步实现平战一体、精确保障。

8. 军地联动应急指挥应用系统

军地联动应急指挥应用系统根据应急行动任务特点,依托联合指挥信息基础平台提供的通用功能服务和基础运行环境,形成重点或敏感区域综合管控系统、重要敏感物资实时动态监管平台、重要敏感人物实时动态监管,面向抢险救灾、安保警戒和国防动员等构建各类信息系统,实现军地联动值班、联合态势感知、网络舆情监控、军地协同会商、联合筹划计划、智能辅助决策、联合指挥调度、行动效果评估、联合训练演练以及各类专题应用等。各级指挥机构可根据应急事件的类型、等级、地域和特点,自动选取预先制定的操作规程和应急处理预案,实现联合指挥、高效协同和精确保障,确保快速有效地处置各种重特大突发事件。

5.2 情报体系

信息是行动的先导。全面、准确、及时地掌握信息,是定下正确决心、科学实施行动的前提。构建灵敏快捷的信息情报体系,关键点在于整合情报机构、完善情报网络、丰富情报手段、健全情报机制。

5.2.1 成立情报中心

目前,各系统情报力量分散、各自为战,情报信息没有集中分析、研判,严重制约着应急处突行动。要尽快整合情报机构、建立情报中心。整合情报机构的目的是消除冗余机构,强化问责机制,明确责任权限,解决职责不清、关系不明的问题;建立情报中心的目的是整合各地区、各部门、各系统的情报资源,实现情报力量的联合,解决军地情报交流不及时、共享不充分、运用不畅通的问题。

从国家、地区层面成立军地联动情报中心,实现跨部门、跨地区情报力量的联合。军队、武警、公安、国家安全部门、各级政府部门和各级社会组织的所属情报力量要共同参与,组建联合情报中心,各系统从不同渠道搜集获取的情报信息要实时报送联合情报中心,由情报中心对情报数据实行统一分类管理、共享共用,经大数据分析发现的突发事件事故苗头和预警信息,在核实的基础上启动预先制定的防范预案和应急措施,并及时与有关单位和部门取得联系,根据实际情况发出防范预警。

军地联动情报中心应按照层次、区分类型进行建立,通常依托军队、公安、地方政府部门等单位的情报机构进行建立,必要时,可独立设立。国家层面、地区层面以及省、市、区、县均可建立相应的联合情报中心或明确相关部门的情报中心职能。

1. 成立反恐维稳情报中心

针对反恐维稳任务,国家层面的情报中心可依托国安部门成立,国务院、军委机关、国防部、各军种以及公安部相关力量共同参与;省、市、县级层面的情报中心可依托公安部门成立,其中,省级情报中心依托公安厅成立,省(自治区)政府、战区、集团军、省军区相关情报力量共同参与,市、县依托公安局、公安分局成立相应的情报中心,各系统搜集掌握的情况及时归口至情报中心,由情报中心负责对反恐信息、社会维稳信息进行集中的分析研判。

2. 成立自然灾难预警中心

针对地震、海啸、特大台风、洪水、泥石流、火山喷发、冰冻灾害、森林大货等突发性自然灾害,要依托地方相关部门成立专门预警中心,集中汇总信息、集中研判自然灾害可能的爆发时机、地点和造成的损失,及时发布消息。

3. 成立事故灾害研判中心

重特大公共交通事故、工矿企业安全生产事故、公共基础设施运行事故、恶性环境生态破坏等事故的发生通常由人为因素引起,诱发时间较长,技术探测手段事前难以获取相关事故信息,因此,需要依托应急管理部等地方部门成立事故灾害研判中心,及时搜集、整理、研判各类信息,做到事件案件早发现、早预警、早报知。

5.2.2 完善情报网络

完善情报网络是为了延伸情报触角、消除情报盲区,实现情报信息的全覆盖,包括地域的全覆盖、事件的全覆盖和重点人员的全覆盖。既要覆盖陆域,也要覆盖空域、海域、网电域;既要关注边情、海情、空情,也要关注社情、民情和域外国家情况;既要重点覆盖可能的任务区、冲突区,也要兼顾一般区域、非重点区域;既要覆盖境内地区,也要兼顾域外地区。

1. 完善反恐维稳情报网络

反恐维稳情报网络主要针对国内外"三股势力",目的是通过完善反恐情报网络,掌握分裂分子、暴恐分子、极端分子、社会不安定分子的最新动向,让这几股势力无处藏身,始终处于侦察监视当中。

(1)构建多层次情报体系。国家、省(自治区)、市、县等各个层次均成立相应的情报机构,明确责任和权限,由情报机构统一负责任务区域内的反恐维稳情报工作。

(2)构建全时空监控体系。统一布局地面、空中、海上监控系统,实现对国内地区和周边热点地区情报搜集的全覆盖、无死角。国内重点地区、交通枢纽加强公安视频监控,海上和边境通道地区加大空中巡逻监视,及时掌握信息,防止暴恐分子向境外或国内地区进行渗透。

(3)发展网络监控力量。发展网络监控力量,监控反动网站以及重点的QQ群、微信群等社交媒体。发展反翻墙软件、网络舆情监控、大数据分析等技术,全面获取网络信息。

(4)形成专群结合的情报力量。情报获取渠道要畅通、情报获取力量要联合,注重专业情报力量和非专业情报力量的相互补充。特别要注重发挥广大人民群众的力量,广泛发动群众、依靠群众、与地方各级人民政府形成长期会商机制,确保情报力量全域覆盖,不留死角。

2. 完善自然灾害预警网络

加强对地震、洪涝、台风、泥石流等自然灾害的监测预警机制,构建更加完备的自然灾害感知探测体系,尽早发现征候,提前采取防护行动。加强与域外国家的情报交流与联动研判,从全球、大区域角度研判自然环境变化情况及可能带来的自然灾害。加强国内各地区之间的情报交流与联合会商,及时发现灾害征兆。加大预警探测手段建设,延伸探测范围和空间,形成空间、空中、地面、水下多层次预警体系,全方位掌握自然环境情况。

3. 建立全域感知物联网

发展物联网技术,实时感知天气、环境、地貌、水系变化情况,多维度不间断采集数据,实现对各类监测对象的实时感知,及早发现危险征候,提前采取行动。特别是在山区、高海拔等人员不易进入区域要建立完善的物联网,如在山区建立智能感知网,第一时间获取山体滑坡、泥石流、堰塞湖形成情况,在危机爆发前采取行动,避免小事故变为大事故,小破坏演变为大灾害,努力减少社会财产损失。

5.2.3 健全情报机制

(1)健全情报共享机制。要加强军队、武警、公安系统、国安部门及地方各级政府应急部门的配合力度,构建军地情报共享平台,打通情报共享渠道,明确情报共享权限,建立军地联动的情报共享机制,确保能及时发现预警性情报信息。

(2)完善情报会商机制。要不断加强情报横向交流力度,进一步完善军队与地方各级政府的情报会商机制。重大情报及时通报,重要时机要加大情报的横向交流,完善军地情报信息会商机制,建立常态化的军地情报会商机制。要采取重大情报及时通报、一般情报对口通报、特殊情报高层掌握的方式,加强军地情报信息交流会商。

(3)健全情报交流机制。事件严重时,军队、武警、公安以及地方党委、政府可采取联合值班、联合交班的形式,成立常设或临时联合指挥部,及时汇总情报、全面交流情况、准确研判形势、做出联合处置。

5.2.4 发展情报手段

发展情报搜集、处理、研判技术,广泛搜集情报、深度研判情报、全面利用情报。

1. 情报搜集手段

充分利用大数据挖掘技术,不断加强专业技术情报、信息网络情报、人力资源和公开情报搜集力度,建设人力情报网、技术侦察网、网络监控网、无线电侦听网,形成全方位、多手段情报搜集网络。

2. 情报处理手段

发展情报分析、整理、甄别、筛选技术,实现音频、视频、图像、文字、语音情报的快速处理以及核心信息的快速提取。特别是发展海量数据自动化处理技术,实现音频、视频、文字等海量信息的自动记录、评估、提取、归类、关联分析与可视化显示,实现海量情报的智能化处理。

3. 情报研判手段

发展情报分析研判辅助手段,特别是深度学习技术、大数据分析技术,辅助指挥人员有效分析情况、做出准确判断。基于相关系统、手段,能够有效辨别信息真伪、剔除重复信息,能够有效分析信息价值、信息关联关系,既满足信息的专项分析,又满足信息的综合研判。

4. 情报共享手段

建立军地统一的情报共享平台,军地部门可实现情报查询、综合分析和情报共享。充分利用信息技术发展优势,利用光纤、卫星、无线、微波等信息传输手段,特别是发展由于地震、台风等原因造成通信基础设施被破坏或遭遇恶劣自然环境时的短波等保底通信手段。

5.2.5 规范情报活动

军地双方利用会商平台,进一步明确情报分类标准,明确各类情报分发共享的方式方法和渠道,规范情报上传下达和共享的流程、方法、权限和标准。由于军队情报、地方涉密情报通常不适合大范围传播,因此,要规范情报的分发和共享,实现情报产品的有序流动、快速分发。

1. 规范情报产品

要对文字、图片、视频、声音类情报进行梳理、规范,依密级、时限、重要程度、上级要求等分类建立情报数据库,使情报产品标签化、情报格式规范化、情报内容可视化、情报利用快速化,军地相关部门获取情报后,能够第一时间读懂情报、快速利用情报。

2. 规范情报分发

规范情报分发共享的时机、权限和相关责任,明确情报来源、情报对象、传输方式。要针对不同的情报用户,根据情报类别,建立相应级别的情报获取权限,进一步规范和明确一般情况、特殊情况、重大情况下的情报分发共享的方式和途径。

5.3 应急通信网络体系

构建军地融合的应急通信网络体系是实现军地联动应急指挥的重要保证,在突发事件典型案例中,不同程度暴露出通信方面存在的问题,主要是通信保障的方式不够多样,如汶川地震导致传统有线通信中断,震区无法与外界取得联系,导致指挥机构无法根据现场的情况部署救灾行动,即使后来建立起了应急通信,但还有很多问题通过电话根本说不清楚,看不到实际现场,很难为各级指挥人员提供直观的印象,导致对灾情的认识不足。

构建具有全域接入能力的应急通信网络是实现军地联动应急指挥的技术基础。通信不畅、网络不联,应急情况下联动指挥则无从谈起。2017年初颁发的《国家突发事件应急体系建设"十三五"规划》明确提出,在"十三五"期间要努力建成覆盖全国的天地一体、互通共享的立体化应急通信服务保障网络。当前,国家和各级地方政府各自在不同程度上初步建立了应急通信网络和指挥平台,但是不够完善,多数系统仍处于"烟囱林立"的粗放式发展阶段,信息平台的整合力度大。尤其是应急现场指挥缺乏有用管用的通信手段、装备兼容性差,成为制约应急指挥畅通的瓶颈。出现这一瓶颈的原因是:出现重特大突发事件时,通信基础设施容易受到破坏,传统的通信手段失效;中高轨通信卫星的覆盖性好,但是终端昂贵、信道资源匮乏,难以满足战术级指挥的用户规模需求;军地各部门单独研发的专用通信装备通信制式不统一,难以实现互联互通。

解决好应急通信的"最后一千米"问题,非常紧迫,势在必行。根据军地应急联动"寓军于民、平战兼顾"的原则,建议在规划论证国家应急通信服务保障体系时,要充分考虑军地联动应急通信,尤其是支撑现场指挥的战术级通信需求,统筹规划卫星通信、移动通信、集群通信和短波通信等保底通信手段的建设目标与标准规范,充分整合利用空间和地面应急通信网络技术手段和资源,打造"全域接入、寓军于民、平战兼顾"的军地联动应急通信指挥保障体系。

5.3.1 扩大应急通信手段覆盖面

加大应急移动通信系统的技术和装备研发力度,扩大应急通信指挥终端的覆盖面。应急指挥中"最后一千米"的现场指挥环节,对应急通信的要求最高、环境最复杂,技术体制也最多元化。现场应急通信通常以无线方式为主,可使用的技术手段包括短波、卫星、集群、微波、移动等。国内企业和高校研发的应急通信系统都不同程度地存在兼容性问题。此外,军队通信指挥装备在信号制式、频带及信息加密方式上都与政府的应急通信系统存在非常显著的差异,这为军地联动应急指挥带来了巨大挑战。

解决应急指挥通信的互联互通问题,最根本的问题在于统一通信体制。不同应急通信技术手段的性能对比如表 5-1 所列。根据不同的通信技术特点,综合适应复杂地形地貌的能力、通信可靠性和建设使用成本多方面考虑,用于现场指挥的应急通信应着重发展移动通信技术。移动通信技术经过数十年的发展,包括 2G/3G/4G 在内的移动通信技术能很好地支持以话音为主的现场指挥需求,同时,终端普及度高,设备成本显著降低,能支撑大规模的用户容量。当前,5G 移动通信技术日益成熟,并已大规模商用。5G 标准更加统一,兼容性更强,伴随物联网技术的发展,人与人、人与物、物与物之间的多样化通信日臻成熟,对于现场应急指挥的通信和情报收集都能形成有力支撑。因此,以移动通信网络作为现场指挥的主要手段,具有显著的技术和应用优势。需要解决的核心问题是如何提高移动通信基站的抗毁能力以提高通信网络整体的可靠性。建议采取如下措施。

表 5-1　多种应急通信技术手段性能对比

通信手段	通信速率	可靠性	成本	适用范围
短波	低	高	高	在重要骨干节点之间传输指挥控制指令
通信卫星	高	高	高	应急现场通信和远程控制通信;可实现视频、图像、文本等多媒体信息上报
低轨星座	高	高	较高	应急现场指挥通信,可传输多媒体信息
集群	较高	高	较高	较大区域内的应急现场通信,可传输多媒体信息
自组网	较高	低	较低	局部范围内的应急通信
移动通信	较高	较低	较低	大规模用户应急指挥通信

(1)研发可机动布设的移动通信基站。这类基站可通过车载、空投等方式部署,拥有独立的电源设备、天线装置以及回传链路,通信参数可预先设定或自动配置,能够在架设后完成自主组网,为临近区域(如数十平方千米范围)内的应急指挥终端提供通信服务。

(2)重点加强自然灾害易发多发地区的通信指挥手段的建设,加固移动通信基础设施,采取必要保护措施,增强抗压抗毁能力,加快制定不同类别通信系统的现场应急通信互联互通标准,加强不同类别通信设备和通信链路的冗余备份,提高重特大突发事件应急指挥通信保障能力。

(3)通过长航时无人机机动布设基站的方式,灵活、快速地构建一定受灾面积区域应急指挥通信系统,满足应急指挥通信快速、机动、灵活、高速率、低时延的性能要求。建议在国家重大研发计划中安排相关关键技术研究、装备体系建设项目,满足国家应急指挥需要。

5.3.2 发展低轨卫星星座网络

构建基于低轨卫星星座军地联动应急通信网络,卫星通信以其受地形地貌影响小、通信效益高等特点成为应急指挥通信手段的最佳选择。然而,卫星通信终端受建设成本和频谱资源稀缺的限制,难以大规模配备,可将其作为应急指挥的骨干通信链路。

近年来,我国的卫星通信系统建设进入高速发展阶段。依托"烽火""神通""天通"系列卫星通信系统和"中卫""鑫诺""中星"系列商用卫星,构建了战术卫星通信网、应急宽带综合业务网、宽带跳频抗干扰网等卫星通信网系。这些卫星通信网系的建成,很大程度上解决了军地应急通信需求。现有的卫星通信系统普遍是专网专用,不同装备型号之间、不同专网之间难以实现互联互通,不能满足战术级的应急指挥跨不同系统、跨不同部门之间的大量通信需求。

规模庞大的卫星网络提供了很好的覆盖能力和充足的带宽资源,一定程度上满足了应急指挥业务所需的各类数据、语音、视频等信息资源。由于低轨卫星不受地面地形地貌和周围环境的影响,能在各类不同复杂地形地貌环境中提供多媒体信息采集、高可靠指挥控制等通信服务,因此,可作为应急指挥通信的重要补充手段。《国家突发事件应急体系建设"十三五"规划》中指出,要基于民用空间基础设施建设,构建公用应急卫星通信系统,统筹使用应急体系所需卫星资源,提升卫星应急通信服务保障能力与集约化水平。同时,把民用低轨卫星星座纳入构建国家应急指挥通信系统,能显著降低系统的使用和维护成本,从而达到更优的建设效益。《"十四五"国家应急体系规划》中指出要加强空、天、地、海一体化应急通信网络建设,提高极端条件下应急通信保障能力。

构建基于低轨卫星星座军地联动应急通信网络的基本架构,如图 5-2 所示。其中如何高效调度利用资源以提供一定程度的优质 QOS 保障是需要重点考虑解决的问题。为解决这一问题,有如下建议。

(1)在国家自然科学基金重点项目和重大专项计划中统筹安排关键技术研究及其装备研制,重点突破基于民用低轨卫星星座的动态构建与资源调度技术、卫星资源综合网管与运控技术、低轨卫星低成本搭载发射等技术。

(2)协调无线电频谱管理单位,加强多卫星网络之间的频谱使用策略研究应用,满足突发事件应急处置情况下大数据量、高带宽视频传输等应急通信业务需要。

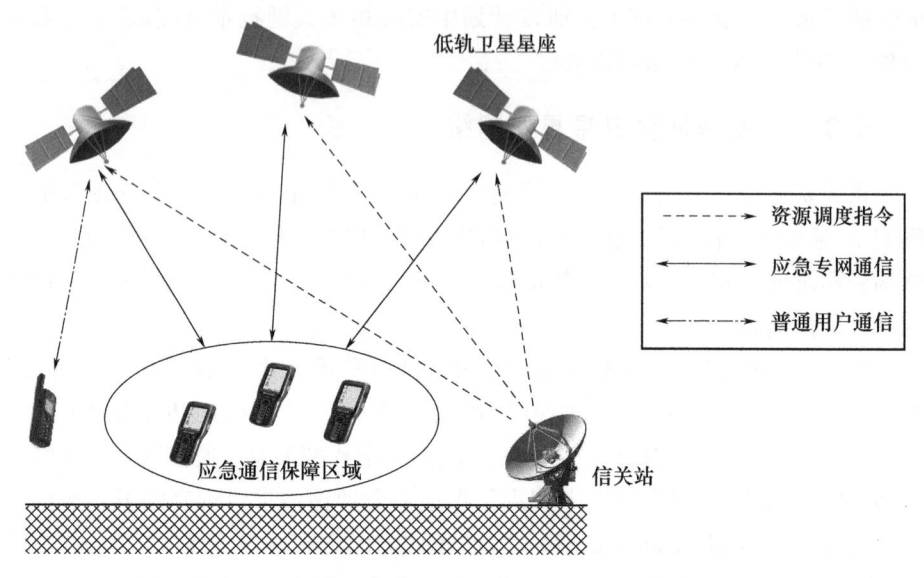

图 5-2　基于低轨卫星星座的军地联动应急通信网络架构

5.3.3　提升无人信息采集能力

增强无人信息采集能力,构建军地联动应急指挥网络体系。利用当前先进的信息技术和音视频采集技术,军地共建应急指挥网络体系,采集上传的信息资源作为各级应急管理部门了解第一手情况的重要信息来源,可为应急指挥机构提供情报和信息支持,是应急指挥决策的重要基础。由于部门整合及前期建设原因,当前各级应急部门的指挥网络体系尚未构建,影响着应急指挥的快速、高效。由于缺乏应急指挥网络体系,应急事件现场的第一手相关信息很难及时传递到应急指挥中心,影响应急指挥决策的制定。主要原因是:各部门所建的信息采集网络相互独立,应急指挥中心无法做到随时自如的信息接入;事件现场破坏严重,原有的信息采集设备遭到破坏,如大型火灾事故。

为构建军地联动应急指挥网络体系,建议采取如下措施。

(1) 在制度和技术上做到与其他社会部门的互联互通,在制度上,应急管理部门内的相关职位可由其他相关政府部门的人员兼任;在技术上,构建应急事件信息采集平台,其他政府部门的相关信息都要实时接入该平台,做到信息共享层面的互联互通。

（2）增强无人设备信息采集能力，采购现有的无人设备或联系厂商开发满足特定条件的无人信息采集设备，如耐高温的无人信息采集设备、微型无人信息采集设备。这些特定的无人采集设备可以深入火灾现场、危险爆炸物现场、地震灾区等搜救人员无法到达的区域进行信息采集工作。

（3）建立应急指挥网络，可以根据应急指挥机构的层级划分，由军地联动应急指挥最高层级规划，军地按照统一计划逐层开展建设，统筹固定通信设施和机动通信设施，加强突发事件频发地区通信设施的加固和冗余备份，如图 5-3 所示。

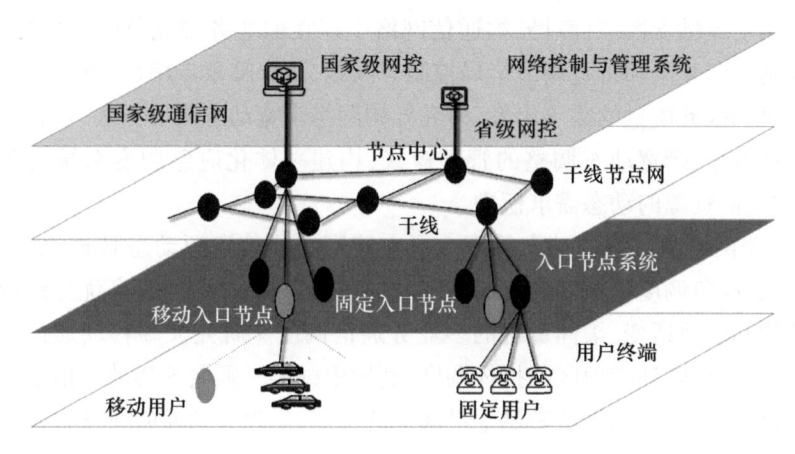

图 5-3 应急指挥网络拓扑图

5.3.4 加强应急指挥通信关键技术研究

在一体化融合思想下研发新产品、新技术，从根本上解决复杂环境下应对突发事件融合应急通信不畅难题，研究异构通信网间的数据、语音、视频、图像的交换，为通信资源的透明接入和统一调度提供保障。

1. 异构通信资源统一调度技术

应急指挥调度系统的通信业务资源来自多个异构通信网络（PDT 集群、LTE 专网、340M 图传专网、卫星、自组网等），通过异构通信资源统一调度技术的研究实现，构建灵活可扩展的统一业务控制资源调度模型，既满足当前主要异构通信资源调度需求，也为其他异构资源的调度提供扩展空间。主要包括以下几方面。

（1）研究多网融合调度系统的框架体系结构。多网融合调度系统以软交换和 IP 技术为基础，提出融合调度系统的体系架构。研究融合卫星通信、滞空平台通信、宽窄带集群、公众网络等多种模式,为上层语音、数据、视频和指令等应急业务应用提供统一的通信功能支撑,有效屏蔽设备、网络、环境等因素对应急应用业务系统的影响。研究通用的、适用广泛的支撑功能和接口,这些支撑功能通过面向对象的设计,形成支撑业务应用层的通信软件核心,为上层业务的通信设计提供统一的对接接口。

(2)研究异构通信网络(PDT集群、LTE专网、340M图传专网、卫星、自组网)资源特性,设计异构通信资源融合网关的统一调度接口,实现多个异构通信资源的融合调度,为指挥调度支撑平台提供统一的资源,为实现语音、视频、数据的统一调度提供支撑。针对异构通信网络中存在的业务带宽分配界定难、带宽调节规则设定复杂和带宽调节全局控制等问题,从保障重点用户、重点业务的通信优先级和服务质量的需求出发,研究异构网络带宽动态调节方法、带宽调节策略的设计方法、带宽动态调整的管理模式,构建一体化应急调度系统的业务模型、异构通信资源的动态需求模型。

(3)跨网络通信资源动态管理。研究跨网络通信资源动态管理机制,构建调配模型、应急调度模型和异构通信资源的动态需求模型,研究高优先级业务的可靠传输和敏捷适变、柔性重组的多业务通信调度。研究大S移动通信卫星集群技术,实现特殊环境地区的指挥调度,利用中国第一颗大S移动通信卫星物理通道,将地面集群技术创新满足卫星通信的特点,实现天地通的业务融合。

2. 异构通信资源融合技术

(1)通信资源虚拟化技术。为了保证多种制式网络有效融合,突破不同制式网络之间的差异性和封闭性,实现网络的可拓展和灵活性,在应急通信网络中,可以通过网络虚拟化的方式,从而真正实现网络按需高效传输。在横向上对多种通信资源进行虚拟化,分析实际物理资源的共性特征与个性差异,每类资源中均可以进行资源形态、组合的变化,针对异构网络下不同的通信对应资源的特点,研究通信资源的虚拟化方法,为实现异构通信网络的资源整合奠定基础。

重点是针对异构网络下不同的通信资源的特点,研究通信资源的虚拟化认知模型,对底层物理通信设备进行抽象化,建立组织模型和动态管理模型,实现通信资源的高效组织;研究通信资源的虚拟化分配复用技术,提高物理资源使用率和调度系统可靠性。

(2)异构通信资源协同测量技术。为了在复杂多变的异构通信环境下支持对各种应急通信保障业务的高效调度,研究独立于底层测量工具和上层测量任务的策略机制,支持并行发起多项测量任务,协调多种测量工具开展协同测试,研究高效的异构通信系统测量方法，实时获取信道性能指标和端到端业务支持能力，制定多种通信系统的监测调用接口，实现性能状态视图的整合和分析，对上提供实时通信资源视图和异常告警。

（3）通信资源监测管理方法。研究异构通信资源协同测量技术、多信道状态监控技术，实现对各个通信网络的全方位监测，研究测量策略协议、主动测量工具、流量识别方法，实现对网络性能和数据、话音、多媒体等业务的传输质量进行实时监测，建立评估融合网络节点权重的自鉴权体系，进而保障融合网络中资源的有效配置，对上提供实时通信资源视图和异常告警，为通信资源优化、重点业务保障提供强有力的支撑。

（4）基于优先权的异构通信网络带宽动态调节方法。针对不同的应用业务和用户设定相应的优先权级别，并考虑在不同时段、不同场景下的动态调整，而且关联业务用户身份进行优先权的设定。当网络过载或拥塞时，通过基于优先权的方式进行流量区分服务。

3. 通信多业务数据融合分析技术

数据资源是整个指挥调度体系的支撑基础，通过将以非结构化数据和半结构化数据为主的地理可视化数据与现有公安业务结构化数据的融合；利用当前大数据架构下的数据分析和挖掘的实现原理，设计开发通过集群、分割、孤立点分析等算法深入数据内部，建立不同类型数据的内在关联和拓扑关系，充分挖掘数据价值；通过各种业务模型的开发，实现通信多业务数据融合后对指挥调度体系的辅助决策和预测性分析的支持。

研究通信资源的管理、态势显示和可视化调度；研究通信资源评估及机动通信设备部署规划；实时现场事态掌控，包括事发地点周边车辆、人员，以及其他应急资源的空间分布和实时状态；将音频会议终端、广播系统、模拟/数字电话、卫星电话、无线集群、移动通信、短信、录音系统等融合到一套体系中。用户只需要在调度客户端中进行简单的操作，就能够获取到足够多的信息以及使用各类资源。

4. 军民多网融合调度和保密通信技术

支持军用模拟集群移动通信系统和军用数字集群移动通信系统的接入，实现警用和军用集群终端用户间的业务互通。军民不同体制通信系统加解密技术，包括研究卫星移动通信系统的加解密技术、军用集群通信系统加解密技术、PDT集群系统的加解密技术，多网融合调度系统需将不同接入系统的密话进行统一加解密处理，实现不同系统的跨系统明密通话。

5.4 应急指挥评估体系

军地联动应急指挥体系的设计与建设是一项长期、重要的任务,军地联动应急指挥体系效能评估是对体系建设效果的检验性评估,也是一项重要工作。应急指挥评估是对应急指挥管理体系全方位、系统性的评价和检测,是实现系统自我改进、机构补充完善、应急预案修订的一个不可或缺的重要途径。

5.4.1 应急指挥评估机制

建立科学、合理、全面、高效的应急指挥评估机制,可以不断加强应急指挥和管理工作的规范性、有效性,进一步理清自身应对重大突发事件能力的优势和缺点,不断提高应急指挥人员及指挥机构的应急指挥能力,有助于应急指挥机构预防和处置各类突发事件,有助于推动应急指挥能力不断发展完善。

应急指挥评估机制按实施阶段一般划分为事前评估和事后评估,也称为应急准备评估和应急处置后评估。应急指挥准备评估,是指在无突发事件的常态下,根据之前发生的重大应急事件,对预先制定的应急组织体系、应急预案体系、应急保障体系和应急运转机制等进行预先设想,找出应急指挥体系日常建设中存在的问题和不足,以便为应对突发事件做足准备。应急指挥处置后评估,是指在具体突发事件应急处置结束后,对突发事件的预警、响应、处置、保障、恢复等应急处置过程进行综合评估,总结好的经验做法,找出应对突发事件过程中应急指挥能力出现的问题和不足,以便改进提升。

5.4.2 评估过程

评估的组织与实施总体上分为7步:准备资料、确定评估目标和指标体系、建立评估模型、遴选评估方式、评估活动、评估结果、咨询建议(图5-4)。

首先从需要解决的具体突发事件处置任务下应急指挥体系效能评估问题出发,获取真实应急指挥数据或者利用仿真系统生成数据样本,选取合适的数学模型对当前涉及的应急指挥体系结构进行形式化描述,形成面向任务的具体网络化体系结构模型;依据体系效能模型,结合专家经验对体系能力和效能进行需求分析,构建面向任务的应急指挥效能指标体系;选取效能计算方法和权重赋值方法,计算基础效能指标值和权重系数,在此基础上聚合计算能力效果和效能效果指标值,形成面向任务的评估结果度量指标效能值集合;最后需要结合专家经验,对具体处置任务中的应急指挥体系进行综合评估。

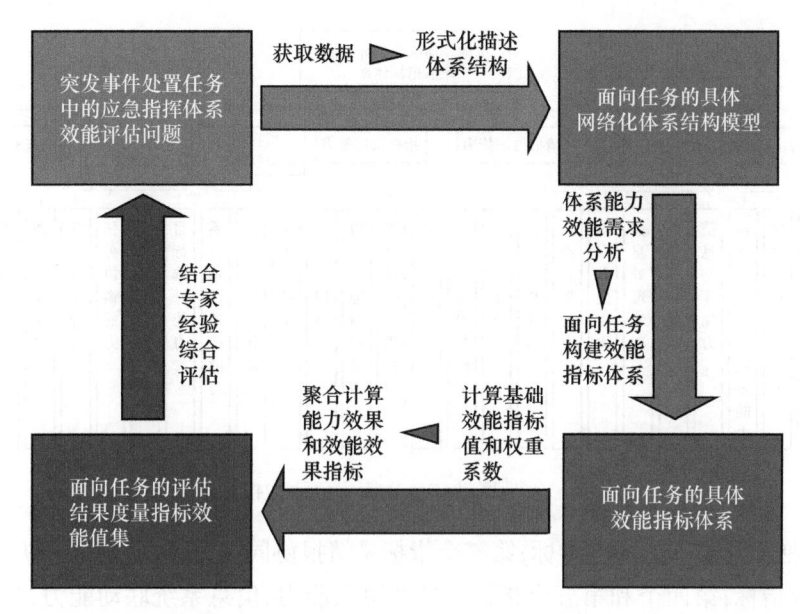

图 5-4　军地联动应急指挥体系效能评估过程

5.4.3　评估指标

应急指挥效能评估是一项实践性很强的工作,应急指挥体系效能是体系有效性的集中反映,体系能力的有效发挥程度就是效能,应急指挥体系效能评估就是对应急指挥体系发挥有效性的评价和估量。效能评估和能力评估是一个大的体系建设的基础性工作,主要包括 3 个方面:一是固有能力和重要功能指标,通过评估发现核心重要功能指标达标度;二是根据任务满足度评估出基本能力和典型任务效果预测;三是评估出能力短板和缺项。评估的重点问题是评估各级权责落实,突出指挥体系架构、权责规则、指挥关系,同时评估动态指挥体系的跨越联动效率和贯通程度,以及评估支撑与保障联动情况。

评估指标设计上注重把握以下重点:形成统一指挥机制流程情况、实现统一目标和协同效率情况、应急联动计划与预案情况、对应协调部门协同机制落实情况、应急资源协调调度能力情况。

军地联动应急指挥效能评估细分为 7 类 21 个子类的指标体系。7 个一级指标包括机构协同的效能、信息掌控能力、情报协同、指挥决策、信息系统联动、联动控制能力和现场管控能力,如图 5-5 所示。

第一级的第一个指标是指挥机构协同能力,包括信息协同指挥效能、决策协同效能、实时态势沟通效能和预案方案协同制定效能;第二个指标是信息掌控能

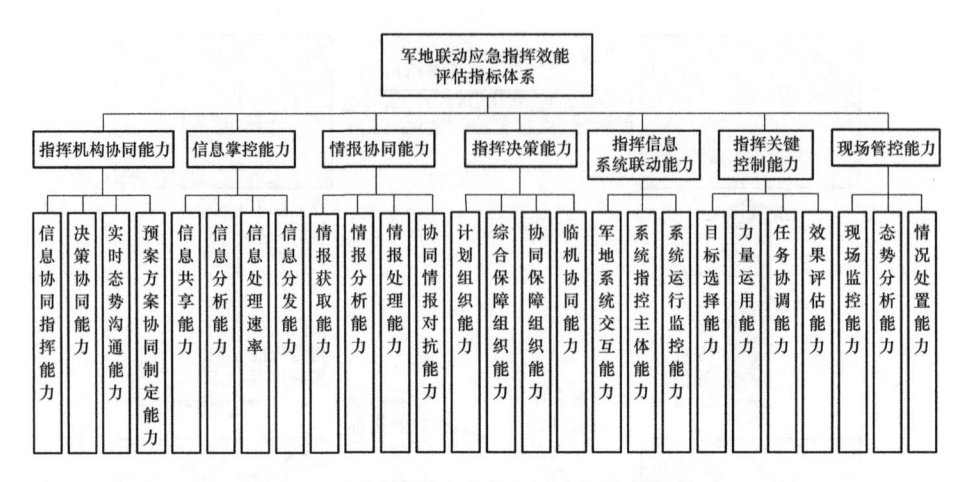

图 5-5　军地联动应急指挥应急评估指标体系

力,包括信息共享能力等指标;第三个指标是情报协同能力,包括情报分析、处理能力等指标;第四个和第五个指标是指挥决策能力、信息系统联动能力,包括联动指挥的协同效能和决策能力、指挥系统联动效能、军地系统交互效能等指标;第六个指标是指控关键指控能力,主要包括目标选择效能、力量运用能力等指标;第七个指标是现场管控能力,主要包括现场态势的掌控能力和情况处置能力等指标。

完善并开展军地联动应急指挥评估机制需要军地双方各级上下联动,积极配合,共同用力,对实践检验过的应急指挥机制,以法规形式确认下来,对评估中发现的问题,寻找问题根源,军地双方共同协商解决,只有这样,才能在面对突发事件时能不畏惧、不慌乱,才能沉着应对,有的放矢。

5.5　小　结

本章从应急指挥平台、情报体系、应急通信网络以及应急指挥评估 4 个方面阐述军地联动应急指挥体系需要的保障系统。应急指挥平台提供了军地诸多单位进行协同指挥的环境,情报系统使得信息可以在各单位之间充分共享,通信网络可以保障信息按需快速流转,最后,应急指挥的效果尤其是协同效能需要通过评估体系加以评判和改进。目前,这些保障系统之间独立运作多,协同配合少,未来还需要进一步加强互联互通互操作,以便满足军地联动应急指挥体系顺畅运转的需求。

第6章 军地联动应急指挥分析模型

在应急指挥体系中,应急指挥故障模型和成熟度模型从不同维度,作为分析手段,可以为提升应急指挥效能提供支撑。应急指挥故障模型聚焦于故障的分析,从信息、交互与决策三个维度展开,挖掘故障背后的潜在规律、梳理故障的因果短息,将重大突发事件处置不及时或失效的原因归因于通信故障、指挥控制交互故障和决策故障,为改进方向提供参考。成熟度模型则着重评估应急指挥能力,将应急指挥能力划分为从低到高的五个阶段,借助该模型,可以分析判断自身应急指挥能力的等级,识别存在的短板,从而有针对性地改进。

6.1 故障模型

信息时代经典的 C2 方法空间模型由信息、交互与决策 3 个维度组成,如图 6-1 所示。

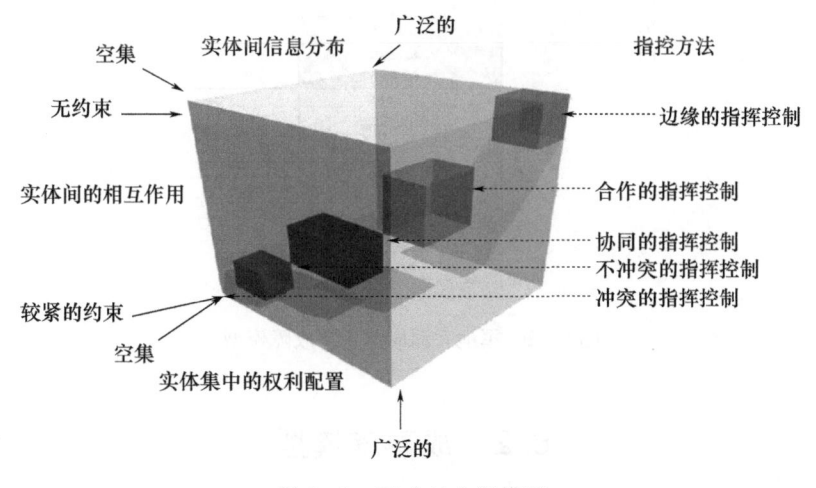

图 6-1 C2 方法空间模型

军地联动应急 C2 方面的故障,根据它们与该任务价值链之间的关系可以分为三类:第一类为"通信故障",这与任务中网络的特性和性能有关,还与任务所在的物理环境相关;第二类为"共享/交互故障",这与网络化行为有关,也是决策以及后续行动所必需的;第三类为"决策故障",与决策质量、行动的适当性以及行动同步的能力有关。将重大突发事件处置不及时或失效的原因归结为通信故障和因环境、系统设计或政策缺陷导致不能通信两大类情况,前者主要包括不适当的指控方法/组织设计和通信行为上的失误,后者主要包括缺乏互操作、设备或带宽能力不足、安全性约束、基础设施/设备破坏或损坏和物理限制。

通过对重大突发事件案例进行剖析,从指挥控制的角度提出能够判断重大突发事件处置不及时或失效的故障模型。以整个军地联动应急行动的价值链为起点,构造军地联动应急指挥故障模型。如果该行动采用适当且及时的决策,并正确执行了该决策,那么,各种故障就可以直接追溯到该价值链中遭到破坏或者断裂的具体环节,如图6-2中的"故障点"所示。该图描述了C2过程中的方法空间与价值链变量集之间的关系,C2过程中的方法空间为整个行动的效能创造了条件,进而决定了价值链中各个环节的强度和脆弱性。

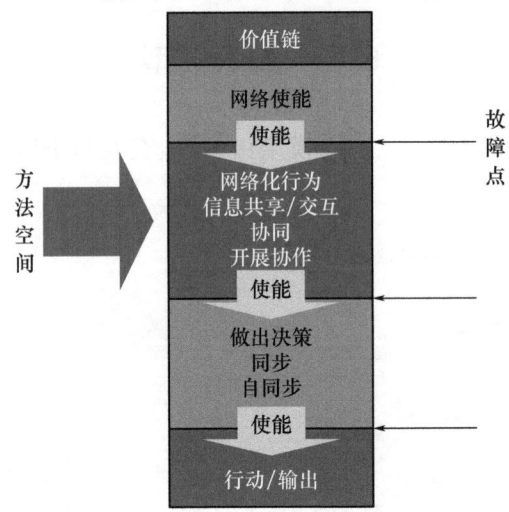

图6-2 军地联动应急指挥故障模型

6.2 成熟度模型

对于突发事件,仅依靠政府实施的应急救援很难及时有效地开展,需要有效整合军、地双方优势资源,为了评价军地联动应急指挥能力发展水平,受软件成熟度模型(Capability Maturity Model for Software, SW – CMM)思想启发,我们构建了应急指挥能力成熟度模型。成熟度等级由实体能够恰当运用的具体方法定义,由此提出军地联动应急指挥能力的成熟度等级。成熟度等级也称为成熟度模型,在应急指挥能力的方法空间中,越高级别的成熟度等级代表有越多的选择空间,在面对行动空间中使命任务以及作战环境的复杂变化时,越能表现出更好的适应能力。

因此,将应急指挥能力成熟度分为5级,分别为0~4,如图6-3所示。其中,0级表示有冲突,为最低等级;1级表示消除冲突;2级表示协同型;3级表示协作型;4级表示边缘型,即连贯一致的指挥,为最高等级。

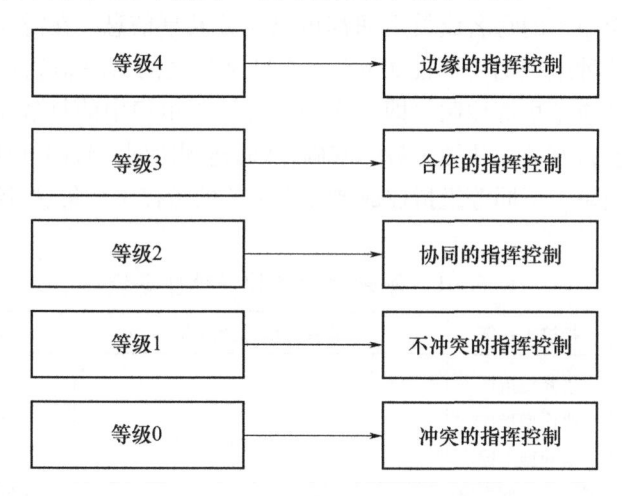

```
等级4 ——→ 边缘的指挥控制
等级3 ——→ 合作的指挥控制
等级2 ——→ 协同的指挥控制
等级1 ——→ 不冲突的指挥控制
等级0 ——→ 冲突的指挥控制
```

图6-3 应急指控能力成熟度等级示意

等级0表示的应急指挥控制能力为冲突型,即在有若干独立小组构成的指控组织中,没有总负责人,组间没有沟通,仅在各小组成员内部共享信息。可以认为,在需要军地双方联动的行动中,这种组织的协同能力为0,完全无法做到协同指挥控制。

等级1表示的应急指挥控制能力为消除冲突型,即在有若干独立小组构成的指控组织中,虽然没有总负责人,但是各组组长之间可以进行沟通,各小组成员内部也可共享信息。在需要军地双方联动的行动中,这种组织的协同能力有所改进,通过组长共享信息片段来消除冲突,可以做到部分协同指挥控制。

等级2表示的应急指挥控制能力为协同型,即在有若干独立小组构成的指控组织中,组间设立协调员,可以与每组组长共享信息;各组组长除了掌握本组信息之外,还可与另外一组的组长进行沟通;各小组成员内部充分共享信息。在需要军地双方联动的行动中,这种组织的协同能力进一步得到改进,通过协调员在各组长之间共享信息片段来提高协同,可以做到协同指挥控制。

等级3表示的应急指挥控制能力为协作型,即在有若干独立小组构成的指控组织中,组间设立协调员,可以与每组组长共享信息;各组组长之间可直接进行沟通;每组派部分组员与另一个小组成员进行直接沟通;各小组成员内部充分共享信息。在需要军地双方联动的行动中,这种组织的协同能力继续得到改进,通过协调员、各组长之间、部分组员之间共享信息片段来提高协同,可以做到协作指挥控制。

等级4表示的应急指挥控制能力为边缘型,即在有若干独立小组构成的指控组织中,每个小组的每名成员之间都可以充分共享信息。在需要军地双方联动的行动中,这种组织的协同能力最高,通过全员之间共享信息片段来达到协同,实现联动的应急指挥控制。即边缘型指挥控制组织中的每名成员具备足够的信息共享能力,有共享认知态势的基础,从而达到协同一致的行动。

表6-1列举了不同等级指控成熟度中可选的指控工具集、指控方法选择需求及转换需求。

表6-1 军地联动指控成熟度等级

指控成熟度等级	指控工具集	指控方法选择需求	转换需求
等级4	边缘型指控 协作型指控 协同型指控 消除冲突型指控	涌现的	边缘型指控 协作型指控 协同型指控 消除冲突型指控
等级3	协作型指控 协同型指控 消除冲突型指控	辨识3种态势并匹配适当的指控方法	协作型指控 协同型指控 消除冲突型指控
等级2	协同型指控 消除冲突型指控	辨识2种态势并匹配适当的指控方法	协同型指控 消除冲突型指控
等级1	消除冲突型指控	不适用	无
等级0	冲突型指控	不适用	无

6.3 小　结

军地联动应急指挥故障模型和成熟度模型相互补充,故障模型专注于排除应急指挥过程中的阻碍,成熟度模型则助力于提升整体应急指挥能力,共同推进军地联动应急指挥体系的完善。随着大模型技术的发展,应急指挥控制故障模型可以收集海量的故障数据,运用数据分析技术和大模型推理技术,进一步挖掘故障产生的规律,进而预测故障发生的可能性,指定应对预案。对于成熟度模型,AI可辅助分析指挥控制过程,通过数据分析优化流程,并基于数据分析持续改进,主动预防风险,是应急指挥能力达到动态优化。

第 7 章　事故灾难领域中的应急指挥[①]

事故灾难是四类突发事件中的一类,主要包括安全生产事故、交通运输事故、公共设施和设备事故等,本章针对安全生产事故典型案例进行分析。

我国是世界上工业化规模最大的国家,按照工业体系完整度来算,我国是世界上唯一拥有联合国产业分类中全部工业门类的国家。同时,由于我国特定的国情、企情和民情,以及目前所处的经济社会发展阶段,导致我国安全生产形势严峻。据不完全统计,2016 年至 2019 年,全国发生的安全生产事故分别为 6 万起、5.3 万起、4.9 万起、4.03 万起,死亡人数分别为 4.1 万人、3.8 万人、3.46 万人、2.95 万人,事故起数和死亡人数一直偏高,造成巨大经济财产损失。

以习近平同志为核心的党中央高度重视安全生产,特别是重特大事故中的应急指挥工作。党的十八大、十八届三中全会、十八届五中全会、中央经济工作会、党的十九大等重要会议和《中共中央国务院关于推进安全生产领域改革发展的意见》,都对重特大事故中的应急指挥做出重要部署。

本章首先介绍了社会安全领域中应急指挥的基本概念,随后选取了天津港"8·12"特别重大火灾爆炸事故和江苏响水天嘉宜化工有限公司"3·21"特别重大爆炸事故,在对案例充分分析的基础上,利用五级军地联动应急指挥能力成熟度模型对案例进行了成熟度分析;对事故中的救援行动进行深入研究和剖析,以期能够为提高我国安全生产事故类突发事件的军地联动应急处置能力提供借鉴和参考;最后,设计了面向事故灾难救援的消防应急指挥系统框架,为具体应急指挥系统的实现提供理论支撑和技术借鉴。

7.1　安全事故应急指挥概述

安全事故按照破坏程度可分为特别重大事故、重大事故、较大事故、一般事故 4 个等级,通常在发生重大及特大事故时需要建立军地联动应急指挥体系。

发生安全事故后,通常由事发地省(区、市)人民政府成立现场应急救援指

[①] 本章所介绍的事故内容、数据全部来源于公开信息。

挥部。负责指挥与调度参加救援的各种力量,及时通报事故发展和救援情况,抓紧组织开展事故调查,迅速查明事故原因,严格按事故调查规定要求研究提出处理意见。事故结案后,完成事故调查报告和事故处理决定并报上级备案。

当发生影响特别重大的事故灾难时,由国务院有关部门组织成立现场应急救援指挥部,负责应急救援协调指挥工作。

7.2 天津港"8·12"特别重大火灾爆炸事故

2015 年 8 月 12 日发生的天津港特别重大火灾爆炸事故,是近 20 多年来国内发生的最严重、最复杂、最危险的一起"特别重大生产安全责任事故""严重复杂的危险化学品火灾爆炸事故",共造成 165 人遇难、8 人失踪、798 人受伤,直接经济损失 68.66 亿元。

7.2.1 案例描述

2015 年 8 月 12 日,位于天津市滨海新区的瑞海公司危险品仓库发生火灾,引起二次危险物爆炸。事故现场形成多处起火,两天后现场明火才被扑灭。事故现场按受损程度分为事故中心区、爆炸冲击波涉及区(图 7-1)。

图 7-1 事故发生地点

经公安机关、爆炸和地震专家分析,事故直接原因是瑞海公司危险品仓库运抵区南侧集装箱内的硝化棉积热自燃引起的大面积燃烧,并导致危险化学品发生爆炸。

爆炸发生后,事故中心区受损最严重,爆炸波及面积约为 0.54 千米^2。爆炸引起的强烈冲击波,波及范围极广,严重受损区东西长 6.6 千米,南北长 4.3 千米。中度受损区东西长 8.82 千米,南北长 10.4 千米,如图 7-2 所示。

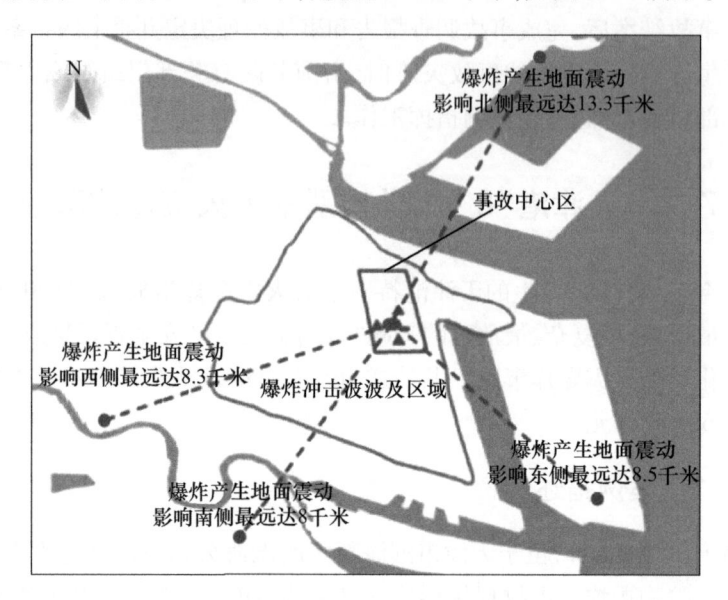

图 7-2 爆炸引发的区域受损情况

事故共造成 165 人遇难,8 人失踪,798 人受伤住院治疗,众多建筑物、汽车和集装箱受损。同时,火灾还引发多种化学物质爆炸燃烧或泄漏扩散,对周边环境造成了不同程度的污染。

7.2.2 案例分析

1. 应急指挥组织与指挥关系

(1)现场救援指挥部。8 月 12 日晚,天津港火灾爆炸事故发生后,天津消防总队成立由天津消防总队相关人员编成的现场救援指挥部,利用本系统指挥手段,对各支救援力量统一实施指挥,组成多个搜救小组,合作开展事故组织及人员搜救。

(2)抢险救援总指挥部。随事态发展,天津市党委政府领导紧急赶赴事故现场,来自各条战线的救援力量纷纷加入救援行动。为实现统一指挥,8 月 13 日凌晨 1 时左右,成立抢险救援总指挥部,由市委代理书记、市长任总指挥。5 时许,国务委员、公安部部长率公安部、卫计委、交通部、安监总局、环保部等多部委组成的国务院工作组抵达现场,11 时左右,武警总部由参谋长率先遣小组、北京军区由参谋长率前方指挥组赶至救灾一线,展开救援行动。

为确保对参加事故企业、天津港、滨海新区、天津市、中央等不同层级,解放军、武警、公安以及安监、卫生、环保、气象等多个部门的抢险救援机构和人员实施统一指挥,将所有参与救援机构和人员编入天津抢险救援总指挥部,总指挥部下设6个工作组,分别为心理工作组(后期增加)、事故现场处置组、伤员救治组、保障维稳群众工作组、信息发布组和事故原因调查组,统筹组织协调各类救援机构和力量,积极稳妥推进救援处置工作。各指挥机构明确相应的负责人。指挥机构组成如图7-3所示。

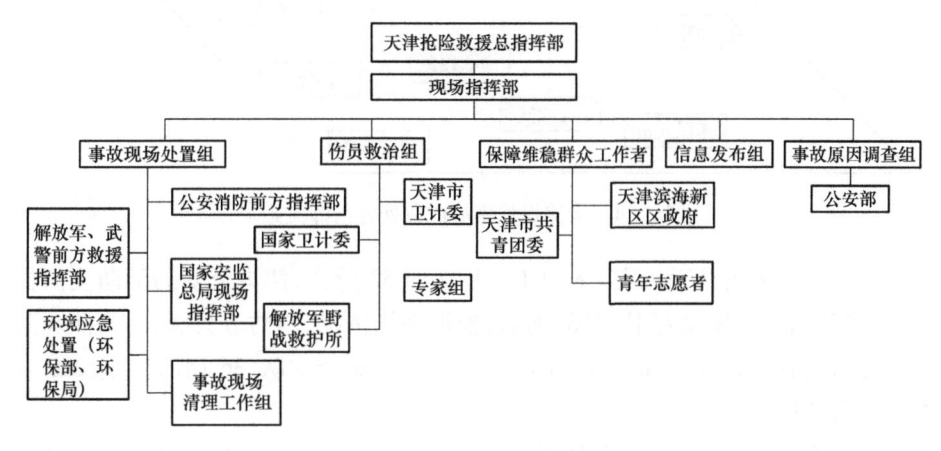

图7-3 指挥机构

(3)指挥关系。整个处置力量体系关系复杂,分为两层。上层是以总指挥部为中心的指挥层及6个小组。在事故处理过程中,该层作为核心智库,负责制定处置方案,下达处置命令,统筹处置过程,从而保证了处置工作的有序进行和救援工作顺利开展。下层为执行层,包括行动和保障两部分,各处置力量包含其中。该层作为处置方案、命令的具体执行层,处于最危险的爆炸现场,其执行效果直接关系到事件处置的最终成败。将参与事故处置的部门视为节点,部门之间的隶属、协同关系视为边,天津火灾爆炸事故处置指挥关系如图7-4所示。

其中:总指挥部与6个小组之间是控制关系,6个小组之间为协同关系,6个小组与各救援力量之间为指导关系。

2. 应急处置过程

(1)爆炸前灭火救援处置情况。在爆炸未发生前,应急救援工作按火灾事故进行处置。由相继赶赴现场的天津消防总队和天津港消防支队所属部分人员组成现场救援指挥部,参与救援的力量主要为公安消防和瑞海公司部分员工,应

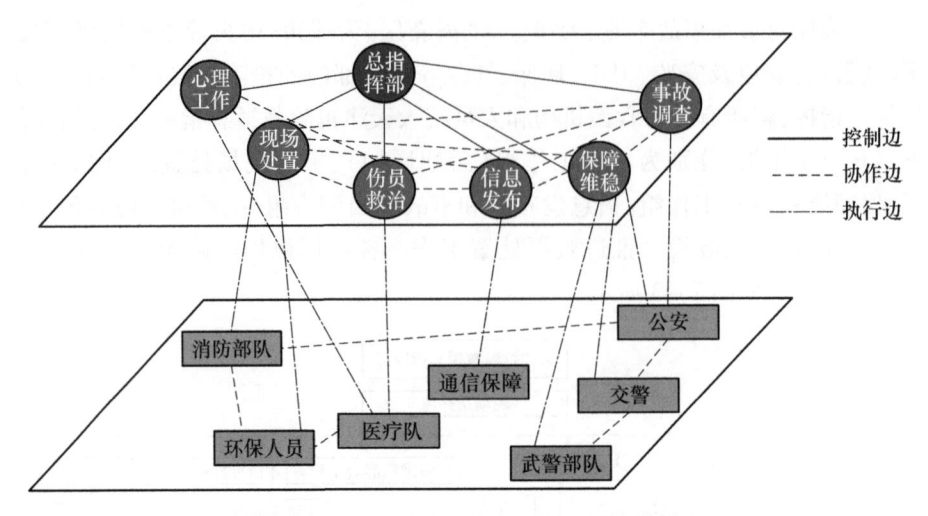

图7-4　天津爆炸事故应急处置指挥关系

急救援主要任务为扑灭火灾。8月12日22时52分,天津港公安局消防支队接警后,消防四大队紧急赶赴现场,随后,根据现场情况,消防五大队、一大队和附近救援力量赶赴现场,共向现场调派了3个大队、6个中队、36辆消防车、200人参与灭火救援。

(2)爆炸后现场救援处置情况。在消防人员灭火过程中,火灾现场分别于23时34分06秒发生第一次爆炸,23时34分37秒发生第二次更剧烈的爆炸,造成大量人员伤亡,事故演变为特别重大火灾爆炸事故。事故救援工作也随之升级,国家和天津市共同组成军警民联合救援指挥机构,不同部门、不同地区的各种救援力量相继参与救援行动。

一是国务院工作组靠前指挥、统筹军地救援力量。在公安部部长的带领下,国务院工作组在事发之后凌晨赶赴现场,实施靠前指挥,组织做好伤员救治、现场清理、环境监测、善后处置和调查处理等各项工作。同时,协调调集原北京军区防化部队、医疗卫生专业救援力量、环境监测等专业救援力量,火速赶赴现场进行救援行动。积极做好舆论引导,及时协调有关方面配合地方政府做好3万余名受影响群众安抚工作,开展社会舆论引导工作。

二是多级多部门联合编组,统一指挥救援行动。根据事故态势发展,迅速成立事故救援总指挥部,统筹组织协调多个相关部门力量,推进救援处置工作。共动员现场救援处置的人员达1.6万多人,动用装备、车辆2000多台,其中包括解放军、武警部队、公安消防部队和其他警种、安全监管部门危险化学品处置专业人员,天津市和其他省区市防爆、防化、防疫、灭火、医疗、环保等方面专家,以及其他方面的救援力量和装备。

（3）医疗救治情况。由于事故造成近800名人员受伤，对医疗救治组织指挥工作提出了更严峻的挑战。为此，在国家和天津市卫计委、解放军医院和相关专家联合组成的伤员救治组统一协调调度下，全力展开伤员救治工作。国家卫计委和天津市政府组织国家级和市级医疗专家，并抽调9000多名医务人员，实行个性化救治，努力提高抢救成功率。同时，根据伤病员及其家属普遍出现心理问题的情况，抢险救援指挥部专门增加心理工作组，全力做好心理干预工作。

3. 应急指挥方式

（1）统一编组、联合指挥。此次救援行动，军地120多家单位参与，开设各类指挥机构20个，且救援现场情况十分复杂，这些对统一指挥和协调行动提出了更高要求。天津市总指挥部按照统一组织、统一指挥的原则，对国务院各部委、解放军、武警、天津市政府各部门、区外救援机构实施统一编组。例如，总指挥部下设的事故现场处置组，根据各级指挥机构及救援力量的加入，逐步扩大处置组编成，将国务院公安部、安监总局、环保部、原北京军区、武警先遣组等逐步编入其中，实施统一指挥。同时，为避免层层开会、逐级下达等问题，以达成简约指挥程序和环节，使指挥更加扁平和有效，采取集中开设指挥机构的方式，武警天津总队前指与直接隶属的2个支队指挥所集中开设，国务院工作组与天津市联指也开设在一起。

（2）属地为主、靠前指挥。事故灾难类突发事件，一般涉及有限区域，多数会造成信息中断，且伴有各种次生灾害，对应急救援指挥的针对性、实时性提出很高要求。在该类事故救援指挥中，基本遵循属地为主、靠前指挥的原则。爆炸前灭火阶段，最先成立的现场救援指挥部，主要由先行赶赴现场的天津市消防总队及天津市委市政府、公安局等领导组成，指挥部就设在火灾现场。爆炸发生后的应急救援阶段，国务院相关部委、原北京军区、武警总部加入应急指挥后，仍统一编在天津抢险救援总指挥部之中，确保属地指挥为主。同时，总指挥部设在滨海新区政府应急指挥中心，保证了指挥机构对各类信息的及时获取、对各救援力量的即时指挥、对救援行动进展的实时掌控。

（3）健全机制、加强协调。在事故救援过程中，各救援力量或单位根据任务需要建立、自然形成了没有隶属关系横向联系的20个各类指挥机构，如原北京军区前指与武警部队前指，各区现场指挥部（3个）及武警各专业救援大队前指（维稳警戒、交通救援、防化救援及医疗救护4个大队）等。加强各指挥机构间纵向和横向协调，对指挥准确性和时效性有重要影响。如武警各专业救援力量虽同时接受天津总队前指、基指，武警总部前指，天津市联合和现场指挥部（外围、外扩和核心区3个）等多重领导和指挥，在事件初期，曾多次出现地方指挥机构越级指令、多头部署现象，甚至出现市领导直接安排机动师救援任务等问题。后期，为进一步理顺指挥关系，以避免出现多头指令或不按规范指挥等问题，针对任务特点，在充分研究组织指挥特点规律和运行方式的基础上，规范了工作协调制度，武警天津总队6名军师职领导参加地方指挥机构，并向4个指挥机构派出联络员等，加强工作协调；建立健全了会议制度、请示报告制度等，通过这些机制确保信息互通共享、任务区分明确、工作流程清晰，把各方掌握的信息情况、各指挥机构明确的任务，汇集在联指或前指平台上来，统到联指或前指的决心意图上，实现组织指挥和展开行动的统一性。

4. 应急指挥手段

为确保整个救援工作高效指挥、行动全程掌控、态势及时感知，在应急指挥手段上，充分利用军地既有指挥平台和通信设施，调度和采取了多种手段。

（1）充分利用机动指挥手段。国家、天津市总指挥部、现场指挥部、各小组之间采取应急指挥车、移动通信终端等，确保军地不同救援单位之间信息互通。例如，总指挥部事故现场指挥组利用应急指挥车实施救援指挥、对外发布信息；北京卫戍区防化团携带3G指挥方舱，对所属力量防化救援行动实施现场机动指挥。

（2）广泛使用无人机获取信息。国家调用了大量无人机执行现场侦察、事故监控、态势绘制等任务。其中天津滨海公安局的国产直升机勘察航拍对指挥部科学安排救助工作起到了至关重要的作用。北京消防利用专业无人机绘制了360°全景图，为现场指挥部做出决策提供了有力依据。中国民航大学利用无人机为高炮师提供现场视频资料，帮助部队开展救援。

（3）接入相关信息辅助决策。接入气象、环卫等信息，为救援工作提供决策依据。滨海新区气象局抽调骨干力量对现场天气形势进行实时分析，为爆炸事故救援提供了有力的气象保障服务。环保部门在事故区域新增了多个监测点位，不间断提供各类环境监测实时信息。

7.2.3 成熟度分析

天津港"8·12"特别重大火灾爆炸事故救援指挥机构军地联合，国务院派出多部委参加联合工作组，天津市党政军组成联合救援指挥机构；应急救援力量军地协同，军、警、民救援力量1.6万余人参与救援；救援行动军地联动，多级多类指挥主体指挥关系较为清晰、行动较为高效。

其故障模型如图 7-5 所示。

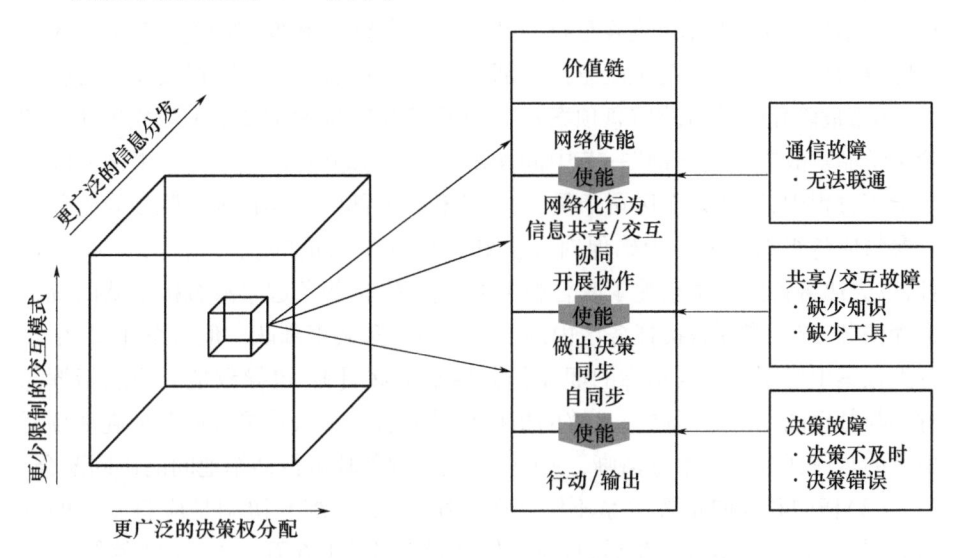

图 7-5 天津港"8·12"特别重大火灾爆炸事故故障模型

天津港"8·12"特别重大火灾爆炸事故案例成熟度等级如表 7-1 所列。

表 7-1 天津港"8·12"特别重大火灾爆炸事故案例成熟度等级

通信故障		无法通信						成熟度等级
^		由于系统设计或政策缺陷导致的				由于环境导致的		^
不适当的指控方法/组织设计	通信行为上的失误	缺乏互操作	设备或带宽不足	安全性约束	基础设施/设备破坏或损坏	物理限制	敌方干扰	^
√	√			—	√	—	—	等级2

7.2.4 经验与教训

1. 军地联动指挥体制与安全生产类突发事件救援行动还不相适应

以"8·12"事故为代表的安全生产类突发事件具有整体性、综合性等特点，指挥处置面临的是一个复杂的系统，往往在短时内大量汇集了来自军地各个层级、多个机构的不同救援力量，因此，需要建立与事故灾难类应急救援行动相适应、统一高效的军地联合指挥体制。

(1) 指挥机构军地联合程度不高。《军队参加抢险救灾条例》(国务院、中央军委令第436号)明确："县级以上地方人民政府组建的抢险救灾指挥机构，应当有当地同级军事机关的负责人参加；当地有驻军部队的，还应当有驻军部队的负责人参加。"但《天津市突发事件总体应急预案》（津政发〔2013〕3号）"2.3专项应急指挥机构"一节关于应急指挥部的组成中并未包含军队相关要素；此外，《天津市危险化学品事故应急预案》（津政发〔2014〕44号）"2.1.1设立天津市危险化学品事故应急指挥部"一节中同样未涉及军队相关要素。在该事件实际应急指挥过程中，原北京军区司令员、参谋长和武警部队参谋长等军队领导赶赴现场参与应急组织指挥。为确保对军队和武警部队人员的统一指挥，至8月18日，以天津警备区为主组建了联合救援部队指挥部，担负起事故救援部队的统一指挥任务，统一指挥救援任务区内的陆、海、空军和武警部队。但从总体看，由于各类预案中对军队参与指挥的职能任务界定不够明确，也导致地方应急指挥部对参与救援的军队力量缺乏足够的指挥权、协调权，军队救援力量在赶赴现场后担负的具体任务并不十分清晰，一定程度上影响了救援行动军地间的协同配合。

（2）横向和纵向指挥关系不够明确。统一领导、综合协调是应急救援的基本原则。"8·12"事故发生后，现场救援处置人员达1.6万多人，来自多个部门、多个地区以及军队、武警等不同系统。事发初期，各相关机构和部门纷纷成立应急指挥部，部门之间、条块之间、军地之间没有明确相互间指挥关系，沟通协调不够。

2. 应急救援指挥机制与安全生产类事故灾难救援特点还不相协调

（1）应急预案有效性不够。在我国应急处置实践中，应急预案的规范性和指导性得不到充分体现，按照应急预案实施救援行动尚未成为习惯，应急指挥更多靠个人经验和临场发挥；行政协调和专业处置之间的界限不清晰，领导"第一时间赶赴现场""第一时间做出部署"代替了战役指挥甚至战术行动。例如，在指挥编组上，《天津市危险化学品事故应急预案》明确要设立现场指挥协调、险情控制施救、现场秩序维护、现场医疗救援、现场环境监测、气象监测预报、新闻舆论7个工作组，与实际指挥部下设的6个工作组出入较大。这些规定不为领导熟悉，应急预案也未能起到"预先的行动方案"的作用。在应急处置程序上，《天津市危险化学品事故应急预案》同样明确了应急处置和后期处置的流程和内容，以及通信、装备物资、医疗卫生、交通运输、治安等保障任务和要求，但事故处置过程中还存在着任务不清、资源不清、力量不清、程序不清等现象。

（2）应急响应规范性不够。规范的应急响应程序，是提高应对事故风险和事故灾难能力，最大限度地减少事故造成的人员伤亡和财产损失，维护社会稳定的重要保证。我国建立了较为明确的应急响应等级，《天津市危险化学品事故应急预案》中也对此进行了详细的规定。但从"8·12"事故处置实际看,仍然存在按什么等级进行仍主要是人为确定,参与领导层级高、规模大,响应等级就高。事故之初未发生爆炸时,当地政府仅作为一般性的火灾事故,并未按可能造成的人员伤亡或经济损失启动相应等级,且只有公安消防参与应急处置。直至发生爆炸造成特别重大影响和后果,才按照Ⅰ级(特别重大)危险化学品事故进行处置,并于13日凌晨1时成立总指挥部,召开了第一次抢险救灾紧急会议,而此时距离事故发生超过2.5h。同时,该事故发生地虽然涉及交通运输部、天津市政府、天津港集团公司等,根据"分级负责、属地管理为主"的原则,应急处置工作原则上应由天津牵头组织实施,国务院工作组和中央部门、军队、武警等提供指导、协调、支持。但在实际救援指挥过程中,也存在有超限指挥、越级指挥等问题,"属地管理为主"经常让位于"行政级别为主","谁官大谁说了算"成为常见现象。

(3)军地协同有效性不高。在事故灾难应急救援中,军警民三者协调与支援、平行与并列的关系,建立有效的军地协同机制,才能确保军地各要素上下衔接、横向连接、军地对接,达到政府清楚应急时哪些部队来支援,部队知道参加突发事件时兵力该在哪里用。此次"8·12"事故中,特别是事故前期,在灾情共享、联合会商、行动协调等军地协同机制上也暴露出一些问题。如在灾情共享上,在初期灭火阶段,消防人员对现场有数十种不同种类的危化品并未得到相关部门告知,因而,选择水枪进行喷水灭火近20min,且现场消防车内只有水和泡沫,未配备沙土,直到火势越来越大无法控制时,现场消防指挥员指挥消防员后撤,这也成为大量消防员在爆炸中牺牲的直接原因之一。13日0时18分,海滨新区区委书记曾主持召开了紧急会议,但仅有区公安局、政府有关部门、天津港集团领导参加,并没有军队和武警人员参加会议,一定程度上影响了灾情信息的军地及时互通和行动协调。

3. 应急救援指挥手段与安全生产类事故灾难救援环境还不相匹配

在该事故中,由于大面积火灾爆炸造成的影响和军地指挥手段互联方面的壁垒,对军地联合应急指挥造成一定的影响。

一是军地互联互通的信息化指控手段较为缺乏。从调研情况看,军地各级相关部门大多建立了自身的信息化应急救援指挥系统和平台,如天津市应急指挥中心、消防部队以及原北京军区派驻的救援队伍,均通过各自系统内的应急机动指挥车对所属力量实施指挥和控制。但由于各单位应急指挥系统之间互不兼容、信息不能即时互通,在跨界指挥时,指挥部还无法实现对军地各类力量的直接指挥,均要通过军地不同的系统下达行动指令,各支力量救援情况也须先上报至各自指挥平台后,再通过一定的渠道上传至总指挥部。二是灾情信息获取和军地共享手段较为单一。在军地联动应急救援行动中,灾情信息的及时获取和即时共享,是赢得救援时间、取得救援胜利的前提。此次事件前后,由于灾情获取和信息共享的差异,直接导致了救援行动前后效果的不同。在事件初期,由于最先进入的消防力量对现场情况和火情信息掌握不够翔实,造成因主要干道拥堵和现场混乱导致的消防车辆无法靠近火灾区域,以及掌握不到起火原因和着火区域危化品情况导致的灭火效果不佳与大量消防人员牺牲。这也直接导致事故发生后十多个小时才停止了原先救火为主的救援指导思路,国务院事故调查组确定了暂停扑火,派防化团进场的救援思路。救援中后期,按要求接通了天津警备区滨海新区军事部和区公安局视频,以及调用了大量无人机执行现场侦察和事故监控等任务,使指挥部准确掌握了爆炸区域的准确情况,从而确保了对现场情况的及时掌握和对军地救援力量的统一协调。

7.3 江苏响水"3·21"特别重大爆炸事故

2019年3月21日,江苏省盐城市响水县化工园区的天嘉宜化工有限公司发生特别重大爆炸事故,造成78人死亡、76人重伤,640人住院治疗,直接经济损失198635.07万元。

7.3.1 案例描述

2019年3月21日14时45分35秒,天嘉宜公司废旧库房内长期违法储存的硝化废料持续积热升温导致自燃(图7-6),随后出现明火并迅速蔓延爆炸。

图7-6 硝化废料出现明火之前产生烟雾对比

根据现场破坏情况分为中心区和波及区。事故中心区面积约为 0.5 千米^2（图 7-7）。爆炸中心 300 米范围内的绝大多数建筑和生产装置被摧毁,造成重大人员伤亡,周边 15 家企业受损严重(图 7-8)。

图 7-7　事故中心区

图 7-8　周边企业受损严重

爆炸冲击波造成响水县、灌南县多家企业、商户和居民建筑受到不同程度受损。其中严重受损区域面积约为 14 千米^2,中度受损区域面积约为 48 千米^2(图 7-9)。

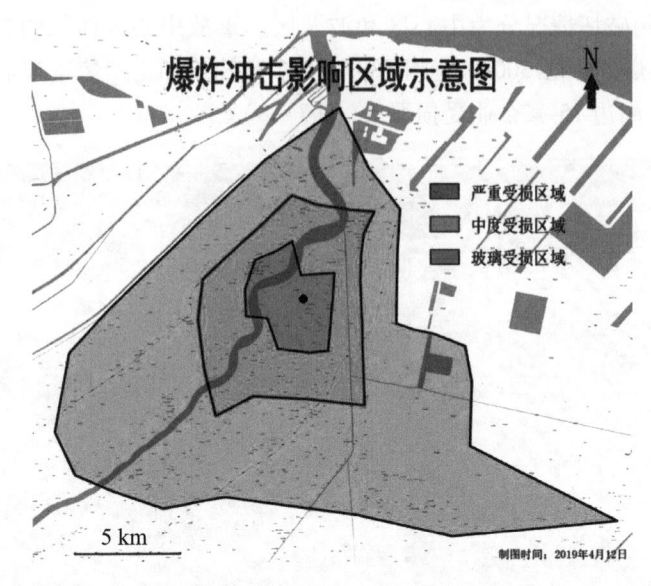

图 7-9　爆炸冲击波波及区域示意图

事故共造成 78 人遇难,76 人重伤,六百余人住院治疗(图 7-10)。

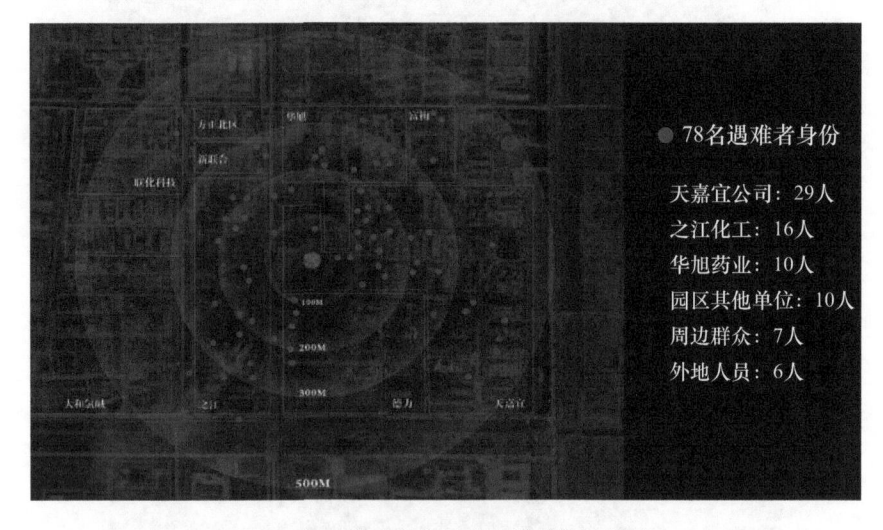

图 7-10　遇难者位置分布及身份示意图

7.3.2　案例分析

1. 应急指挥组织机构

该事件处理过程中,成立了如下指挥机构。

(1)事故处置救援现场指挥部。事故发生后,国家和省各级机构对事故救援和处置工作高度重视,党和国家领导人做出重要批示,国家应急管理部、江苏省领导和专家第一时间赶赴指导应急救援等相关处置工作。省市县三级立即启动应急预案,成立事故处置救援现场指挥部,下设现场救援组、综合协调组等各专项工作组,开展事故救援、秩序维护等工作。

(2)事故调查现场指挥部。"3·21"事故调查组于3月23日上午召开了第一次全体会议,相应调整成立了现场指挥部,指挥部下设8个专项工作组,全面做好救治、善后、调查等工作,事故调查工作全面展开。

2. 应急处置过程

(1)现场救援。按照统一部署安排,救援力量马上开展搜救行动,在搜救了核心受灾企业之后,扩大了搜救范围,共搜救了近 $2km^2$ 的受灾范围。

(2)现场环境清理。指挥部召集相关专业人员对事故现场进行清理和水环境治理。针对不同种类的危化品分别制定处置措施,确保不产生二次污染。对整个化工园区的污水和消防用水加强监控,进行分区隔离,增大污水处理能力,严防污水进入灌河。

(3)伤员救治。指挥部及时开展卫生救助工作,调集省内医疗力量和资源驰援响水,共有4000余名医护人员参与现场伤员救治工作。按照伤员的受伤情况进行分级收治,将重症伤员迅速转运至三甲医院,中轻度伤员在周边县级医院治疗。

(4)善后工作。事故处理完成后,及时处理善后工作,对遇难者家属开展安抚慰问。妥善安排受灾群众的食宿。重点修复事故现场周边受损学校校舍,保证受灾学校全部复课。

3. 应急指挥方式

(1)先期属地自主指挥。事故发生后,响水县立即启动应急预案,相关人员第一时间赶赴现场,开展事故救援、秩序维护等工作。在未成立联合指挥机构前,各指挥机构间指挥协调和行动协同主要靠各指挥机构主动协调、各救援力量能动配合。

(2)后期联合统一指挥。事故发生后,国家和省各级机构对事故救援和处置工作高度重视,党和国家领导人做出重要批示,国家应急管理部、江苏省领导和专家第一时间赶赴指导应急救援等相关处置工作,成立事故处置救援现场指挥部开展事故救援、秩序维护等工作。

7.3.3 成熟度分析

江苏响水天嘉宜化工有限公司"3·21"特别重大爆炸事故在爆炸发生后,立即启动省市县三级应急预案,成立事故处置救援现场指挥部,综合协调,统一指挥。其故障模型如图7-11所示。

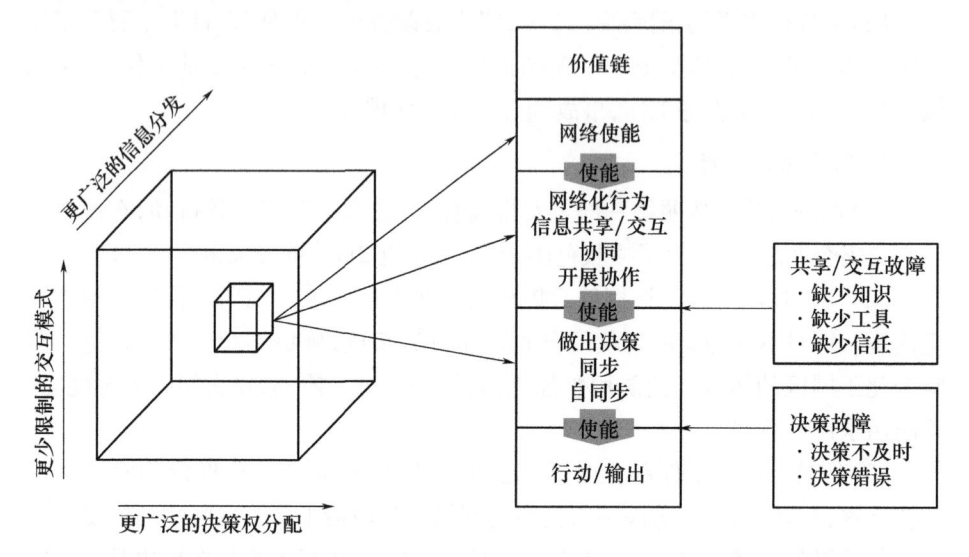

图7-11 江苏响水天嘉宜化工有限公司"3·21"特别重大爆炸事故故障模型

江苏响水天嘉宜化工有限公司"3·21"特别重大爆炸事故案例成熟度等级如表7-2所列。

表7-2 江苏响水天嘉宜化工有限公司"3·21"特别重大爆炸事故案例成熟度等级

通信故障		无法通信						成熟度等级
		由于系统设计或政策缺陷导致的			由于环境导致的			
不适当的指控方法/组织设计	通信行为上的失误	缺乏互操作	设备或带宽不足	安全性约束	基础设施/设备破坏或损坏	物理限制	敌方干扰	
√	√	—	—	—	√	—	—	等级3

7.3.4 经验与教训

回顾整个"3·21"事件处置过程,爆炸后的应急指挥实现了统一、及时、高效、负责,及时挽救了群众的生命和财产,基于经验的大胆和精准的指挥,避免了事故现场的二次伤害,保护了整个响水县群众的生命财产安全。

(1)及时成立现场指挥部,统一指挥救援工作。事故发生后,应急救援、抢险灭火、搜救人员、防止次生灾害等多任务并行,参加救援的主体为多部门、多队伍,包括解放军、消防部队、市应急办、经信委、安监局等。为统一组织指挥现场武警及消防官兵、专业救援人员行动,成立了以省政府主要领导同志为总指挥的事故处置救援现场指挥部,统一指挥军地救援力量,开展人员搜救、抢险救援、医疗救治及善后处理等工作。

(2)立即启动三级应急预案,综合协调救援行动。国家应急管理部书记带领有关工作组和专家组,第一时间赶赴事故现场指挥调度,在应急指挥部组成上吸收重要职能部门领导参加,加强协调工作,省市县等部门领导均参加市应急指挥部工作;明确各单位上报信息,进行信息汇总的流程,依照省、市领导指示对应急相关单位行动进行综合协调。

(3)适时转换指挥部职能,全面落实善后事宜。在现场事故及时控制之后,指挥部适时调整工作重点,抓紧组织开展事故调查,迅速查明事故原因,并全面做好善后处置工作。

事故的发生主要暴露出来安全监管水平不适应行业快速发展需要的问题。我国工业产业多年保持高速发展态势,但安全管理理念和技术水平发展缓慢,不适应行业快速发展需求,这是导致近年来工业事故频繁发生的重要原因。

7.4 面向事故灾难救援的消防应急指挥系统

面向消防救援的实时响应需求,提高对火灾事件预防和救援的时效性,本节构建了具有预测预警、事故信息报告、指挥调度和态势可视化等功能的消防一体化指挥系统,提出了消防救援应急指挥系统和应急指挥 App 的总体架构,为构建基于空间展示的多维度灾情信息可视化指挥决策平台提供理论支撑。

7.4.1 消防救援应急指挥系统架构

应急救援平台需要构建互联互通的火灾应急救援网络,为火灾应急救援提供系统运行环境、数据库、数据分析、多媒体、物联网、移动互联、安全管理、网站等基础服务,配合"一张图"综合数据库建设,整合信息资源、统筹业务规划、统一管理。针对军地联动应急指挥,在平台之上部署与开发功能强大的业务应用软件,实现整合资源、智慧管理、快速反应,判定准确、措施有效、处置及时的目标。总体框架如图 7-12 所示。

框架可分为 5 个层次,即平台基础设施层、平台服务层、大数据支撑平台层、军地联动应急指挥体系应用层、接入和展现层。

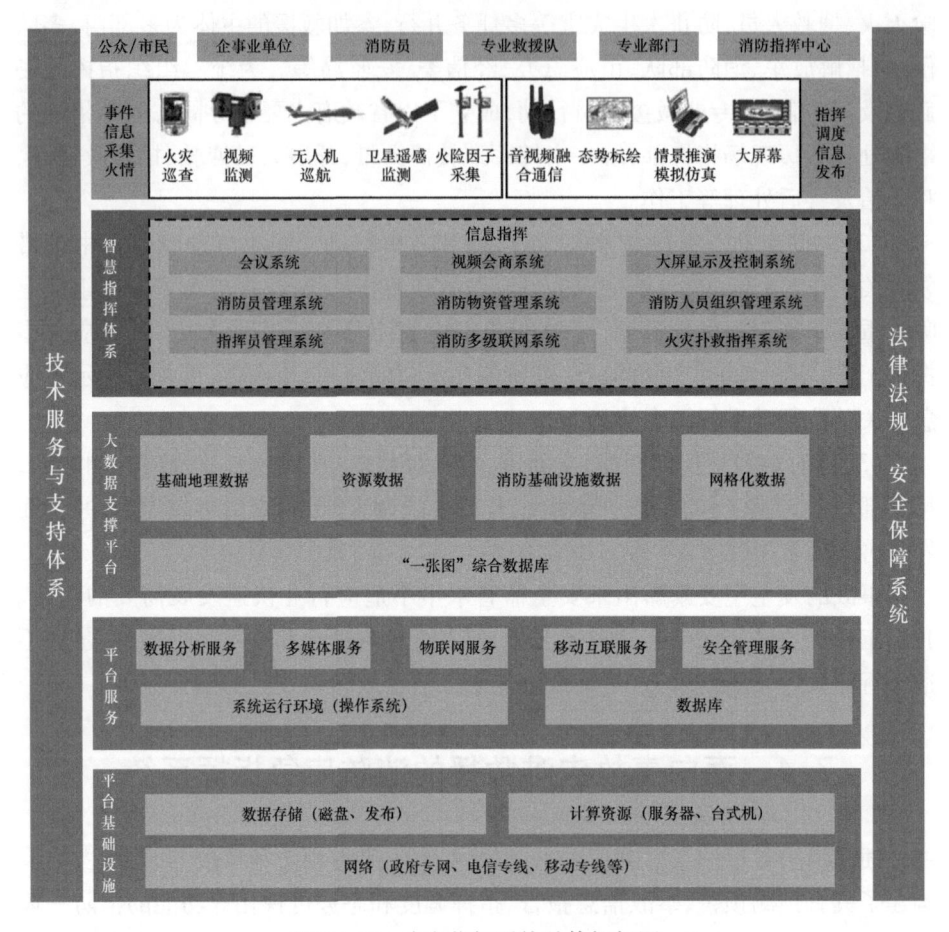

图 7-12 应急指挥系统总体框架图

1. 平台基础设施层

平台基础设施层包括网络、计算资源和数据存储。其中网络通过政府专网、电信、移动专线等实现互联互通;利用服务器与台式机等提供数据计算服务;数据存储支持视频、音频、文本等类型数据的存储。

2. 平台服务层

在平台基础设施层之上提供统一的软件支撑服务,包括系统运行环境、数据库、数据分析、多媒体、物联网、移动互联、安全管理等基础服务。其中移动互联服务要确保用户在任何地点使用移动设备访问各类应用,快速打开应用,提供简单易用的管理控制台,灵活选择下发方式。通过镜像快速部署模式,在版本更新时,可以在几分钟内完成服务器和存储之间的数据更新与同步,减少运维工作量,提高效率。

3. 大数据支撑平台层

通过大数据技术,建设"一张图",整合信息资源,形成多尺度、多时段、区域全覆盖的"一张图"综合数据库。数据主要由空间信息和非空间信息组成。空间信息可按用途分为网格化数据、基础地理信息数据、火灾应急救援基础设施数据、消防资源数据,其中,网格化数据包括火灾应急救援单元网格等数据;基础地理信息数据包括基础地形图、影像、数字高程等数据;火灾应急救援基础设施数据包括防火通道、火灾应急救援阻隔系统等数据。非空间数据主要包括组织机构和人员数据库、多媒体数据库、元数据库、火灾应急救援业务数据库等。

4. 军地联动应急指挥体系应用层

军地联动应急指挥体系在大数据与平台基础上,实现跨网络、跨平台的通信。通过智慧感知、智慧分析、智慧处置3种方法实现整合资源、军地联动应急指挥、快速反应,判定准确、措施有效、处置及时的应用服务。

5. 接入和展现层

接入和展现层主要提供智能手机、智能灾情视频监测终端、无人机、对讲机、网络、计算机终端大屏幕等多种接入和展现方式,是火情数据采集、指挥控制、信息传递的重要途径。

7.4.2 消防救援应急指挥 App

消防救援应急指挥 App 具有报警人员位置定位、火灾现场态势感知、火情位置导航、水文资源,消防栓等消防资源感知等功能,实现消防救援信息的互联互通,可提升救援调度指挥的效能,挽救人民生命财产安全(图 7 – 13)。

针对 App 可设计四层软件架构,分别为 UI 展示层、模块层、管理层和工具层;UI 展示层提供与用户进行交互;模块层提供 App 主要火警列表、天气信息、消防车辆位置、水文信息、周边消防设备信息、4G 图传、火灾现场平面图、火灾现场物业信息、派出所信息等模块能力;管理层提供显示风格、模块管理、UI 组件、相关配置等能力;工具层提供事件管理、任务管理、加密服务、日志管理、异常处理、广播管理、用户感知、数据存储、内存管理、数据库和网络数据交互等能力。

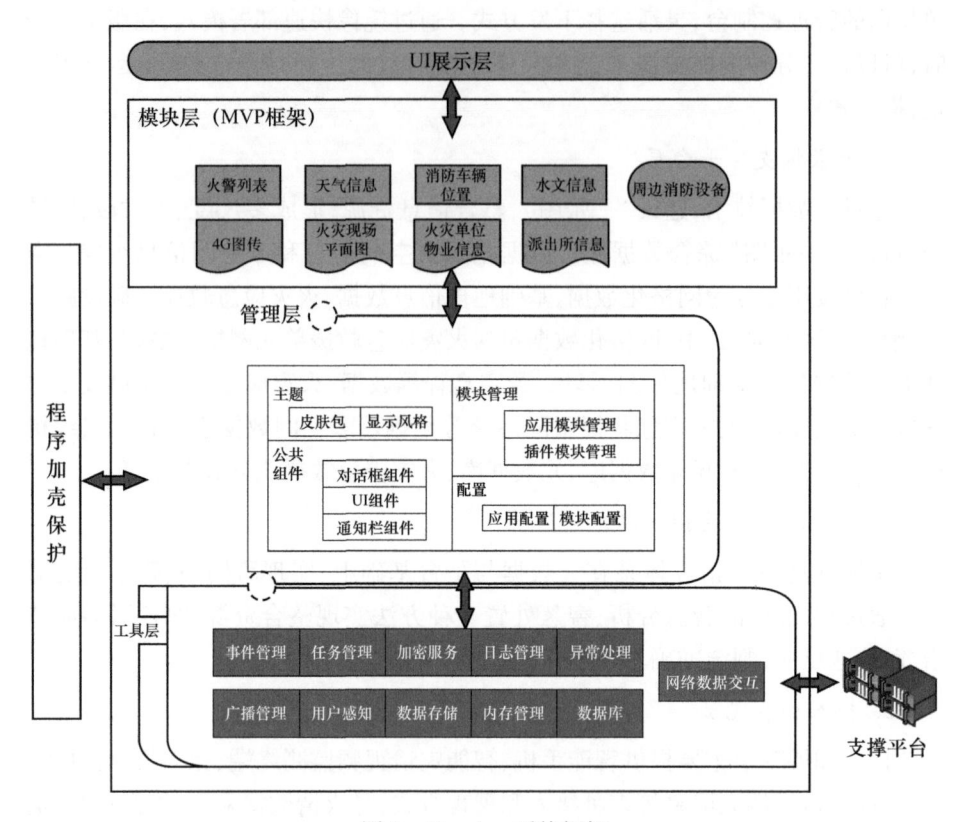

图 7-13 App 系统框架

7.4.3 消防设施可视化软件

消防设施可视化软件实现对消防救援态势信息的呈现,能够实现基于同步/异步消防态势数据的同步/异步可视化展示,构建立体、可视化的人、车信息呈现和管理平台,为消防指挥的辅助决策提供支持。

系统业务框架如图 7-14 所示,在以文件、数据库等形式提供的原始数据的基础上,以车辆数据库、人员数据库和地理信息数据库为基础,以关系数据、地理空间等多种方式组织数据,通过数据接口的方式供上层应用调用,实现对上层业务的支撑。

该软件主要基于 GIS,通过直观的交互方式实现对人、车的信息管理与呈现,包括位置分布可视化、场景浏览可视化,以及实力可视化。采用 J2EE 技术架构,"数据仓库(DW)+联机分析处理(OLAP)+GIS"等技术进行系统的开发,并采用原型法开发模式。

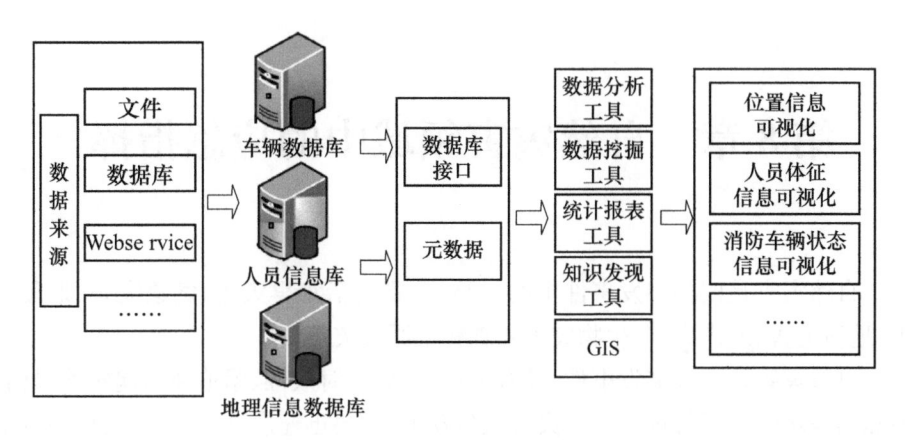

图 7 – 14　系统业务框架

7.5　小　结

本章选取的两个案例均为化工产业方面的事故灾难,深刻汲取事故教训,可有效防范和坚决遏制重特大事故。安全生产类突发事件是可防可控的,首先要把防控化解危险品安全风险作为大事来抓,其次是推进制修订相关法律法规和标准,最后是提升危险化学品安全监管能力。根据海因里希法则,一件重大的事故背后必有 29 件轻度的事故,还有 300 件潜在的隐患。可见,隐患是导致事故的"元凶",要有效预防事故,必须要将隐患排尽治尽。无论是企业事故隐患种类,还是事故类型,都广泛存在于企业人 – 机 – 物 – 环 – 管的各个方面,且危险源因素之间的关系错综复杂,其事故隐患诊断和预警是一个具有动态性和非线性特征的复杂技术实施过程。随着大数据时代的来临,越来越多的智能化和大数据技术被运用到企业安全管理与日常隐患诊断中,利用信息技术手段提升企业安全管理水平,是有效诊断和预警事故隐患、提升企业安全管理效能、预防事故的重要途径。在工业生产制造 4.0 和中国制造 2025 的背景下,研究和实现基于多源数据融合、计算机视觉、大数据挖掘等多种智能化技术融合的安全生产事故隐患智慧诊断预警关键技术,不但是企业实现"两化融合"与智慧化安全管理的重要实践途径,也是政府职能部门实现"智慧监管"工程的重要组成部分。

第8章 自然灾害领域中的应急指挥[①]

自然灾害是四类突发事件中的一类,主要包括水旱灾害、气象灾害、地震灾害、地质灾害、海洋灾害、生物灾害和森林草原火灾等。

自然灾害是一种突发事件,具有不可预测性、时效性、紧迫性和偶然性,具有强烈的破坏性和不可抗拒力。灾害风险发生后,要迅速启动应急预案,按照既定预案快速应对和缓解灾害。自然灾害发生的规模和灾难的程度决定了指挥决策之困难。我国地域辽阔,自然灾害发生的种类多、数量多、频率高,这对国家基础设施、经济发展和人民群众的生命财产安全构成严重威胁。因此,深入研究自然灾害处置行动中的组织指挥已迫在眉睫。

本章首先介绍了自然灾害领域应急指挥的内涵,并以我国境内发生的"5·12汶川特大地震突发事件"和"2008南方雨雪冰冻灾害突发事件"两件重大自然灾害类典型重大突发事件为例,先对案例进行了简单的描述,随后从应急指挥组织与指挥关系、应急指挥过程、应急指挥方式及手段运用等方面进行了全面分析,构建了军地协同指挥故障模型,给出了成熟度等级,通过分析案例总结了处置重大自然灾害事件的经验和教训,为提高军地联动应急指挥效能提供了相关理论与方法。

8.1 自然灾害领域应急指挥概述

近年来,国内自然灾害发生的频率逐年增加,自然灾害的发生,会带来个人或集体伤亡,造成人身或财产的重大损失。近几年,国内发生的几起重大自然灾害应急处置情况,随着部队的参与度越来越高,抢险救灾的效率也大大提高了,军地协同应对自然灾害的应急管理模式越来越普遍。

应对重大自然灾害的军地协同,是一般规律和重大危机应对的使命需求。军地协同是指为应对某一突发事件,军队和政府通过整合双方优势力量和资源,按照"统一指挥、资源共享、密切协作"的原则,共同配合处置突发事件的全过

[①] 本章所介绍的自然灾害内容数据全部来源于公开信息。

程。在协同应对突发事件的过程中,军地双方发挥各自力量优势,实现信息共享、资源共担、步调一致、共同进退,党、政、军、警、民等各种力量形成整体合力,在最短时间内发挥最大效能,确保突发事件处理结果最优化。军地协同的实质是处理军队和地方的关系,确保相关力量有效实施联合行动,形成最大的整体效应。

8.2 "5·12"汶川特大地震突发事件

8.2.1 案例描述

2008年发生的四川汶川特大地震,震级达里氏8级,最大强度达11度,地震波及四川、甘肃、陕西、重庆等10个省,灾区总面积约为50万平方千米,受灾人口超过2000万,此次汶川地震造成的影响自新中国成立以来破坏性最强、波及范围最广、救灾难度最大。

此次地震带来的灾难非常严重,房屋大面积发生倒塌,人员被掩埋随处可见,道路、桥梁等基本交通设施遭到严重破坏,交通几乎瘫痪,大批伤员急需救治,很多受灾群众尚未能转移到安全地带,水电交通等基本民生工程受到严重破坏,通信中断,工农业生产受损非常严重,地震发生后,泥石流、滑坡、堰塞湖等次生自然灾害也不断发生。

地震发生后,我国政府迅速组织力量,进行最大程度的救援,将挽救受灾群众生命放在首位,尽最大可能降低地震带来的损失。在抗震救灾过程中,救灾人员从废墟中抢救出8万多名群众,解救出近150万多名被困群众,及时救治400多万名伤病员,1500多万名紧急转移的受灾群众得到妥善安置;同时,政府全力组织专业人员抢修交通、水电气、通信等基础设施,对堰塞湖等次生自然灾害做到及时处理和解决。

8.2.2 案例分析

1. 应急指挥组织与指挥关系

(1)国家应急指挥组织架构及机构编组。地震发生后,国务院抗震救灾总指挥部立即成立,至10月14日国务院成立恢复重建工作协调小组、不再保留国务院抗震救灾总指挥部时止,应急指挥组织与指挥关系随事态发展而变化。地震当天,国务院救灾指挥部(包括救援队、预报监测队、医疗卫生队、生活安置队、生产恢复队、公安队和宣传队)立即成立,如图 8-1 所示。

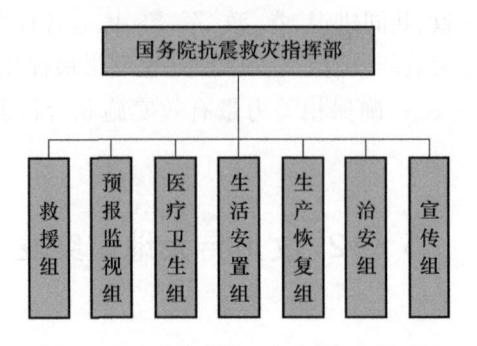

图 8-1 国家应急指挥组织架构(5 月 12 日)

从图 8-1 和图 8-2 所示 5 月 12 日与 5 月 23 日的国家抗震救灾应急组织架构对比来看,后者以横向方式扩展,将水利组和灾后重建规划组以及"汶川地震专家委员会"纳入到抗震救灾指挥部,并对部分组的名称进行了微调。考虑到水库及饮用水源安全等应急需求增设水利组,考虑到灾后重建需要增设灾后重建规划组,基于决策咨询的考虑增设专家委员会。

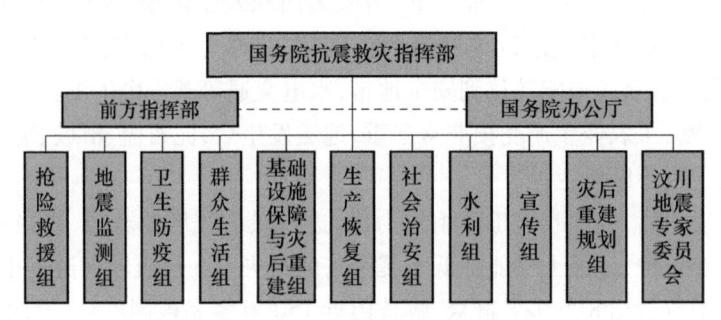

图 8-2 国家应急指挥组织架构(5 月 23 日)

(2)军队应急指挥组织架构及机构编组。汶川地震发生仅 10 分钟,原成都军区司令部在中央军委的授权下,成立了中国抗震救灾指挥部。5 月 13 日上午,军队抗震救灾指挥组宣布成立,原总参谋长担任组长,解放军原四总部各一名副职领导担任副组长。原中国人民解放军四总部、机关十余部门以及国防部外事局抽调人员共同构成指挥组办公室。

抗震救灾联合指挥部在国务院、中央军事委员会抗震救灾指挥部的指挥下,统一指挥和派遣全军、武警部队和民兵预备役人员。抗震救灾期间,军队形成的四级应急组织指挥体系如图 8-3 所示。

(3)地方应急指挥组织架构及机构编组。地震发生后,受灾严重的地域都

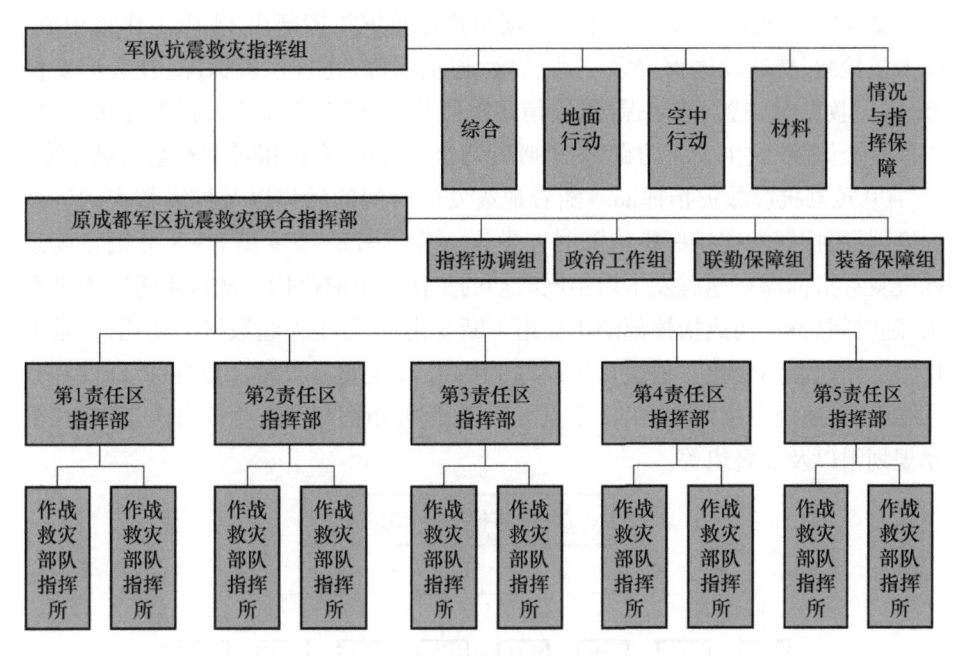

图 8-3　军队应急指挥组织架构

由地方省市县及时成立了地方抗震救灾指挥机构,如四川省抗震救灾指挥部、阿坝州抗震救灾指挥部和茂县抗震救灾指挥部。

① 四川省抗震救灾指挥部。图 8-4 为四川省抗震救灾指挥部的片区和机构组成。对比图 8-2,可以清楚地看出该指挥部与国务院抗震救灾总指挥部的侧重点不同:一是省抗震救灾指挥部增设了救灾资金物资监督组以及内外对口支援工作协调组等;二是以片区为单位设置了前线指挥部,增强了一线力量的应急指挥。

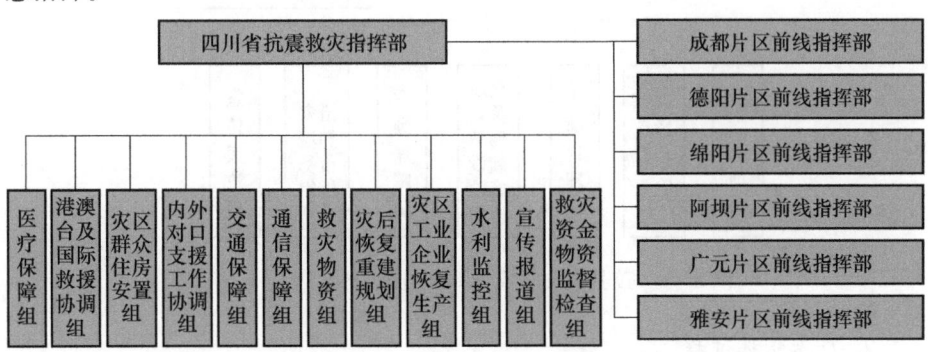

图 8-4　四川省抗震救灾指挥部组成

② 阿坝州抗震救灾指挥部。阿坝州抗震救灾指挥部由14个工作组构成，即人员抢救、交通运输保障及工程抢险、通信保障、物资供应保障、社会治安保障、灾民救助及安置、消防保障、震情跟踪监测、灾情调查及灾害损失评估、应急工作资金保障、次生灾害防御、对外呼吁与接受外援、宣传报道和社会动员保障。

③ 茂县抗震救灾指挥部。随着地震发生时间的后移以及抗震救灾的进展程度，县级抗震救灾指挥机构随时在发生变化。图8－5～图8－8分别是茂县抗震救灾指挥部在地震发生后不同时期的工作组组成机构。从这4张图不难看出，随时间后移，构成指挥部的工作组不断变化：一是工作组数量的变化；二是工作组工作职能的变化。地震发生前期，主要工作是紧急救援，因此指挥部设有紧急施救组；地震发生后期，工作重点是重建，因此指挥部设有生产自救工作组、重建规划组以及监督组等。

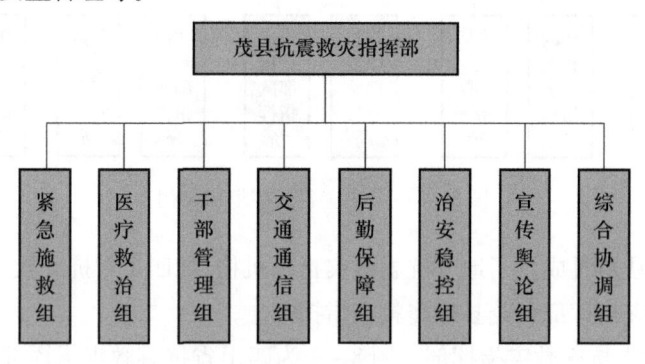

图8－5 茂县抗震救灾指挥部组织结构(5月12日)

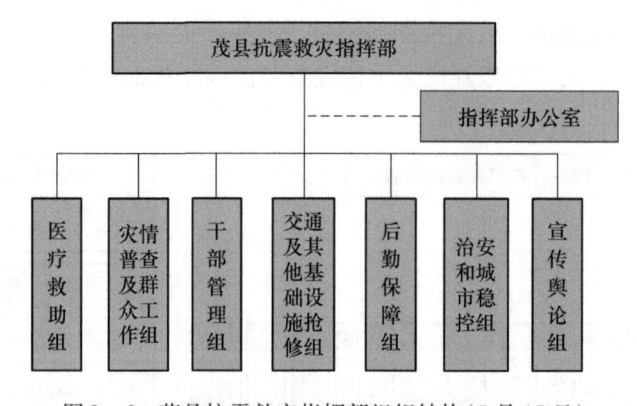

图8－6 茂县抗震救灾指挥部组织结构(5月15日)

2. 应急指挥过程

整个抗震救灾行动共持续了6个多月的时间，从应急指挥的角度看，共经历

第8章 自然灾害领域中的应急指挥

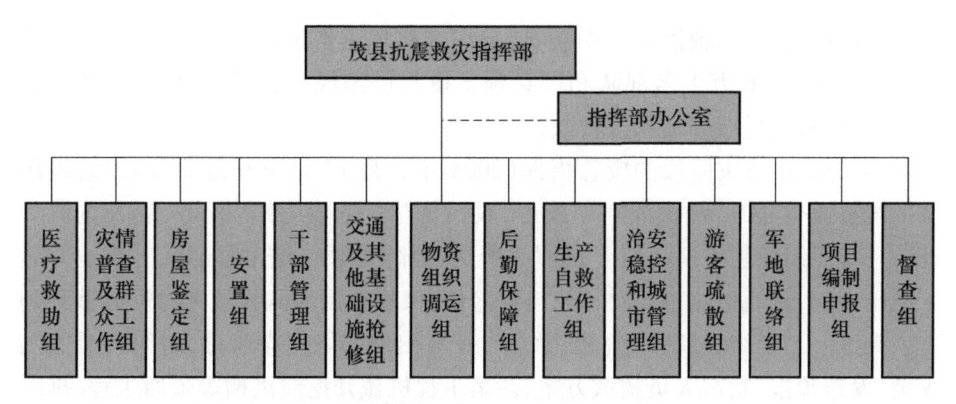

图8-7 茂县抗震救灾指挥部组织结构(5月31日)

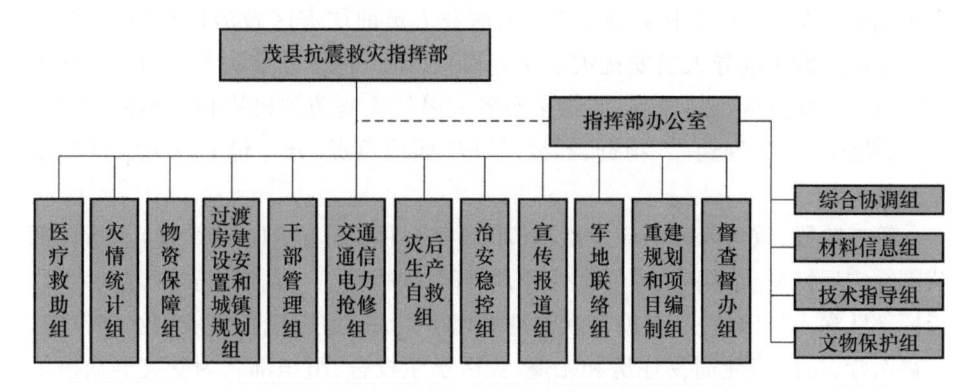

图8-8 茂县抗震救灾指挥部组织结构(6月3日)

了以下几个处置阶段。

第一阶段,救人阶段的应急指挥(2008年5月12日至5月16日)。迅速指挥部队进入灾区,按照"救人第一、先到先救、随到随救、争分夺秒"的原则,展开救援行动。一是快速启动应急指挥。震后2分钟,原总参首长收到汶川地震的第一份特急电报,应急指挥机制立即启动;地震发生10分钟后,原成都军区成立抗震救灾指挥部,开展营救行动;震后10小时,原总参谋部发出《关于参加抗震救灾的命令》。二是调集部队进入灾区。地震发生后,原总参谋部按照就近原则、多路增援、逐步增加的原则,先期组织原成都军区驻震区及附近部队快速进入灾区,边查明灾情边实施紧急救援;震后10小时,紧急出动3.4万名官兵前往灾区。然后,部队采取了"集中使用原济南军区部队、适当调集其他部队、多路人员多种方式同步开进"的集结方案,火速调集加强兵力前往灾区。三是展开搜救幸存人员。迅速组织部队由成都集结地,赶赴都江堰、汶川等重灾区,按照救人第一的要求,利用简易工具和双手挖掘被困人员。迅速组织军队医疗

109

卫生人员赶赴灾区,救治灾区伤病员,组织转移危重伤员,疏散群众。四是组织部队进村入户。6万多名部队和民兵预备役人员编成小分队,以机降或徒步方式进村入户,逐村展开地毯式搜救行动。

第二阶段,抗灾阶段的应急指挥(2008年5月17日至6月2日)。组织部队围绕打通生命线、解除堰塞湖隐患、收治伤员、卫生防疫等任务,展开抗灾行动。一是组织恢复灾区道路。指挥武警交通部队、原二炮工程部队等与地方施工队伍一起,抢通道路、修复桥梁、排除险情,保障救援部队和救灾物资能够顺利进入灾区。二是组织解除堰塞湖隐患。针对出现的堰塞湖隐患,组织力量监测灾情、发布预报、制定人员疏散方案;调集工程机械开挖泄洪槽等疏通工程,排除包括唐家山在内的20余处堰塞湖险情。三是组织对伤病员的救治和心理疏导。全军临时组织了108支医疗队、3700名医务人员前往灾区救治伤病员,同时派出专业心理健康辅导人员安抚灾后幸存群众,组织转移危重病人。四是组织卫生防疫。加强灾区疫情监测,调集全军各大单位疾病防控机构和各军医大学等单位,调集卫生防疫药品、物资、器械,采取"属地负责、分片包干"办法,开展卫生防疫工作。

第三阶段,重建阶段的应急指挥(2008年6月3日至11月25日)。指挥部队围绕灾后恢复重建和救灾后续任务,展开救援行动。一是组织安置群众生活。指挥部队深入村镇村庄,帮助群众清理坍塌房屋,抢收庄稼,修复农田水利设施,巡视医疗,帮助搭建简易住房和帐篷、灾区学生校舍,组织部队为受灾群众提供热食和干净水等。二是组织抢修基础设施。组织专业的工程技术人员,修建简易公路、架设野战门桥和便捷钢桥,优先抢修重要道路;协助地方相关部门恢复通电、通水、通信等基础设施。三是组织维护灾区秩序。协助地方政府及公安部门,加强重点目标警戒,对一些重要交通要道进行临时交通管制,维护灾区社会秩序;组织心理救助等多种形式的安抚工作,协助地方安置灾后孤儿、孤老和残疾人员等。

3. 应急指挥方式

(1)集中指挥与分散指挥相结合。汶川抗震救灾行动中的抗震救灾联合指挥体制,就充分体现了集中统一指挥的基本理念,原成都军区抗震救灾联合指挥部直接接受党中央、中央军委和国家抗震救灾总指挥部的统一领导;在军委、总部直接指挥下,原成都军区抗震救灾联合指挥部服从四川省抗震救灾指挥部领导,各抗震救灾责任区和任务部队服从当地党委领导;参加抗震救灾的所有军队、武警部队、预备役部队和民兵组织,统一由原成都军区抗震救灾联合指挥部指挥。这种指挥体制为实施集中统一指挥提供了组织保证,为确保抗震救灾行动的有序、高效提供了先决条件。

由于在执行抗震救灾行动中,救援队伍(分队)远离指挥中心,大部分是独立遂行任务,各种情况错综复杂,通信联络十分困难,不允许事事请示、汇报,上级指挥者没有精力事无巨细地掌握和处理来自各个方向的情况,很多时候采用分散指挥方式。在汶川抗震救灾行动中,部队分散进村入户阶段以及军队派出的上百支医疗队在各个任务点分散工作,由于交通不便,应急指挥机构很难实施直接指挥,遂采取分散指挥,极大加快了事件处置速度。

(2)按级指挥与越级指挥相结合。在汶川抗震救灾行动中,部队主要是成建制展开救援行动,建立了相应的指挥层级关系,遇到重大事件均采用按级指挥方式,便于上级及时了解情况。同时,处置一些突发情况,低层级的指挥员由于掌握的资料情况不全、不准,很难做出科学、准确判断,需要按级指挥。特别是抗震救灾的后期,2008年6月3日至11月15日,汶川抗震救灾转入善后和重建阶段,由于险情基本过去,时间相对宽裕,任务部队主要是以按级指挥为主。

越级指挥方式主要用于对全局具有重要影响的主要方向、关键行动和关键部队,以及主要突击方向部队和单独行动部队的指挥。例如,此次抗震救灾中,为尽快掌握震中汶川的灾情,军委总部直接对武警某师副师长率领的突击队实施了越级指挥。

(3)定点指挥与机动指挥相结合。在当时破坏极大、余震不断的情况下,根据救援需要设置了不同类型的定点指挥场所,综合运用有线电、无线电、简易通信等手段建立指挥信息系统,用于固定指挥,便于指挥员根据抗震救灾总指挥的部署,统一协调部队和地方政府的救援行动。另外,固定指挥所中通常配备各个领域的专家,遇到重要情况时,可以及时商讨、研究对策和灵活处置。

在整个抗震救灾行动中,指挥员及其指挥机关借助直升机、车船等交通工具,根据紧急事故发展变化情况和部队行动区域变化,在机动中或频繁改变指挥位置实施协调控制。这种方式更有利于指挥员准确判断情况和及时处理情况,抓住战机,果断决策,正确用兵,在紧张的救灾行动中十分有效。同时,在危急情况下,还能根据实际需要,简化指挥层次,减少指挥信息的传输时间,确保命令、指示及时下达,加快救援行动的展开与实施。

4. 应急指挥手段运用

地震发生后,汶川、北川等受灾最严重的8个县(包括下辖的100余乡镇村)成为重灾区,灾区的电力、通信等基础设施损毁严重,停水停电、通信中断,导致救援行动在初期进展缓慢。后来,通过军地联动应急指挥,及时组织灾情分析,进行救援筹划,协调与控制救援行动,使得救灾工作顺利开展。

(1)灾情分析指挥手段运用。在灾情分析过程中,为了从总体上评估和判断此次地震的破坏程度,国家测绘局立即召开会议,围绕抗震救灾启动测绘应急保障服务预案,紧急联系中国测绘科学研究院、国家基础地理信息中心和中国地图出版社等相关单位,做好提供地图和地理信息数据等准备工作。随着政府抗震救灾的开展,测绘部门主动与应急指挥中心联系,及时把最新的信息标在地图上,实时分析受灾区域。国家测绘局组织开展了受灾区域的"一县一图"工程,利用国家级、省级基础地理信息数据库和最新的遥感数据加班加点生产出系列地图,这一张张地图对政府的决策起到了重要作用。另外,无人机、小飞机具有能够在恶劣天气、低空飞行、对起降地点要求不高的特点,国家测绘局利用其拍摄的影像来作为航空航天遥感影像的临时代替和补充,从而解决了灾后恶劣天气下航空航天遥感影像获取困难的问题。四川、陕西测绘局等单位夜以继日地开展数据处理工作,迅速提供大比例尺灾后影像地图,以及灾区现状地图,创造了从数据获取到处理再到出图的最快速度。从图中可以清楚地分辨出房屋垮塌、河道阻断以及山体滑坡、桥梁、道路毁损等情况,为救灾方案的制定提供可靠依据。

(2)组织筹划指挥手段运用。大地震发生后,由于地形复杂,道路被破坏,通信中断,外边救援人员难以进入,组织筹划短时间难以有效展开。为了尽快获取灾区最新的地理信息,经国家测绘局大力协调,全球主要卫星遥感公司立即将多颗高分辨率遥感卫星调整至地震灾区方向,大力支持抗震救灾工作。美国的全球定位系统和我国的北斗系统,都发挥了重要作用。同时,借助气象卫星对灾区的天气状况及时进行判断和预报,为科学统筹和救援指导提供了基本依据。

(3)行动控制指挥手段运用。在行动控制阶段,军队动用了指挥专网和电视会议系统,任务部队采用有线电话、保密传真、无线电台、卫星通信等多种通信方式组建应急通信站,为救援行动控制提供基本保障。国家通信中心为参加抗震救灾的数百家单位提供了各种型号的海事卫星终端,中国移动、中国网通、中国电信和中国联通几家运营商也都紧急调集通信设施至灾区,以保障灾区通信基本畅通。

8.2.3　成熟度分析

1. 故障模型

"5·12"汶川特大地震突发事件发生后,在抗震救灾初期救援混乱、进展缓慢,主要原因在于面对通信中断导致的救援困难,我们缺乏以往的处置经验。联合应急指挥体系处于空缺状态,救援初期甚至无法在第一时间动用空军;即使我们在地震发生第一时间就由原成都军区成立了联合指挥部,但其授意的指挥权有限制,导致不少救援行动都没有权限在第一时间展开实施。

军地协同指挥过程中,主要存在以下问题:信息通联方面无法互联,通信设备故障,彼此之间无法互联互通互操作,缺少足够的带宽;诸救援实体之间缺少交互的平台,现场信息掌握不及时不全面,缺乏知识信息共享机制;各级指挥机构之间的指挥决策权力分配方面存在决策不及时、决策错误等,其故障模型如图8-9所示。

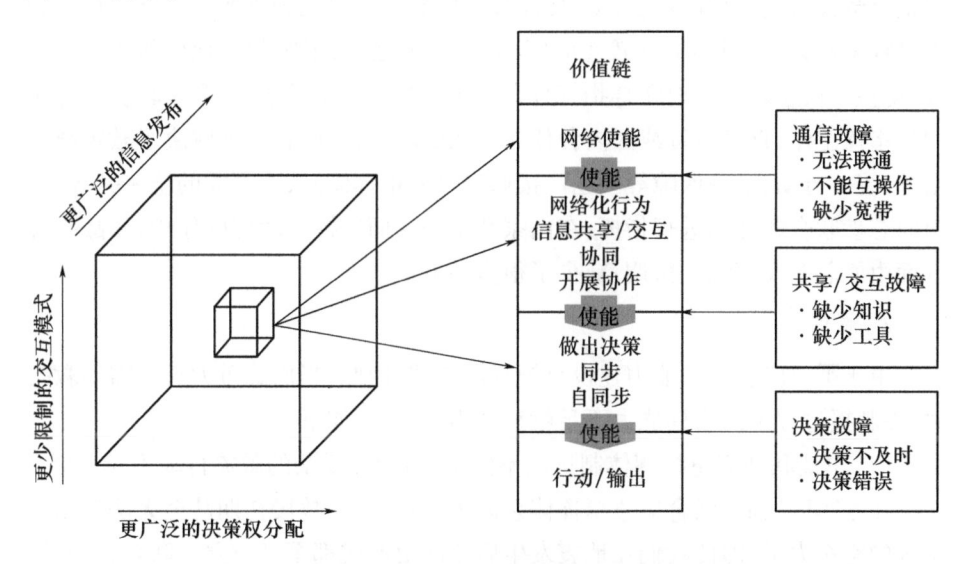

图8-9 "5·12"汶川特大地震突发事件故障模型

2. 成熟度等级

"5·12"汶川特大地震突发事件案例成熟度等级如表8-1所列。

表8-1 "5·12"汶川特大地震突发事件案例成熟度等级

通信故障		无法通信						成熟度等级
		由于系统设计或政策缺陷导致的			由于环境导致的			
不适当的指控方法/组织设计	通信行为上的失误	缺乏互操作	设备或带宽不足	安全性约束	基础设施/设备破坏或损坏	物理限制	敌方干扰	
√	√	√	√	√	√	√	—	等级0

8.2.4 经验与教训

此次抗震救灾行动,指挥关系之复杂、指挥任务之繁重、指挥难度之大也是前所未有的。在整个抗震救灾行动过程中,既取得了一些宝贵的经验,也有极为深刻的教训。

1. 经验

科学的体制机制是联动指挥的根本。根据抗震救灾实际,中央军委决定建立了军委总部—原成都军区联指—责任区指挥所—任务部队4层指挥体系,对于整合救灾力量,协调救灾行动,提高救灾效益就显得尤为重要。从整个抗震救灾过程来看,之所以能够在较短时间内,举全国之力,组织起大规模的生死大营救,得益于快速启动军地联合指挥体制机制。特别是以原成都军区联合指挥机构为指挥主体,直接负责战区内各任务部队的联合行动,较好地解决了救灾统一指挥、统一行动、统一保障等问题。按照当时的指挥体制,在军委的统一领导下,由原总参联合各部门进行指挥,在国家和军委层面发挥了较好的作用,作战指挥方面由原总参谋部统一协调,减少了很多环节。

2. 教训

由于平时应急指挥能力建设重视程度不够,因此,当面临重大灾难需要救援时,在救援过程中的指挥能力不足就显现出来,具体如下。

(1)军地联动应急指挥体制机制不健全,与指挥复杂的救灾行动不相适应。

在原军区层面,联合应急指挥体系尚未真正建立,救援初期甚至无法动用原军区的空军力量;即使我们在地震发生后立即由原成都军区成立了联合指挥部,但其授意的指挥权有限制,导致不少救援行动都没有权限在第一时间展开实施。由于指挥体制和机制不健全,在面对重大自然灾害救援时,临时构建了应急指挥体系,在集结阶段造成部队一定的拥堵和忙乱,特种装备动员、征集力度不够,导致地震发生初期部队的救灾行动都受到一定程度的影响。

(2)军地联动指挥关系不顺畅,与协调多方救援力量不相适应。

在抗震救灾的初期也是救援的关键期,表现出了军地联合指挥关系不顺等问题,主要是对指挥职责和权限的认识不清晰、划分不明确、执行不严格。一是对地方党委统一领导与军队按建制实施指挥的关系没有厘清。在地震救援行动中,通常由地方党委统一领导,通过军地联合指挥部赋予军队任务,由军队指挥员按隶属关系实施指挥。由于当时四川省内的救援力量严重不足,从原其他军区调动了大量的救援人员、救援物资,在实践中,个别地方领导不了解军队用兵规定和指挥程序,误认为地方党委统一领导就是直接对部队实施指挥,使得在应急指挥过程中缺乏规范性、有序性和有效性;有的不能正确区分任务,且没有针对性地赋予任务,在任务划分时缺乏高效的统筹,原本应由公安、民兵担负的任务也要求部队执行,使得真正参与救援的部队不能够发挥自身优势;有些部队在执行任务中,与地方协调不够及时,方法不够灵活,造成地方不必要的误解。同时,军地之间救援过程中在一些问题上的认识不一致,一定程度影响了联合指挥的合力。二是军队内部指挥关系错乱复杂,使得应急指挥效益发挥不够明显。特别是抗震救灾初期,在军委已明确授权由原成都军区指挥的情况下,个别任务部队仍坚持按原建制关系实施指挥,影响了军区联指初期的统一指挥。个别部队在进入灾区后,由于对灾区情况的认识不够和准备不足,复杂的自然环境使得部队的移动通信手段和能力大大减弱,有的任务部队进入灾区后即刻与原建制单位失去联系长达7天之久。一方面,没有得到上级命令,部队不敢擅自行动,使得各任务部队在恶劣的灾区环境中徘徊,迟滞了救援行动;另一方面,进入灾区的部队,由于对各责任区的指挥职责、内容、程序、制度和标准等都不是很清楚、很明确,不能在联合指挥部的统一指挥下,与其他救援单位建立很好的指挥协同关系,导致各个部队往往是孤军奋战,应急救援效率比较低。三是指挥员之间的职务和级别不对等,使得指挥过程不够顺畅。原其他军区带队进入灾区的负责人,由于级别和职务较高,使得在划分责任区时,负责指挥的人员要考虑到对方的职级问题,难以完全放开手脚,多个沟通与协商环节增加了指挥过程的复杂性,在及时掌握通报情况、协调解决相关事宜等方面不能有效进行,影响了应急指挥效能的发挥。

(3)军地联动应急指挥能力建设不足,与处理多种重大突发事件不相适应。

一是突发问题的应急决策能力不够。有些部队指挥员对民族和宗教问题理解不深,无法将这两类问题引发的矛盾区分开并采取正确的处理方法,对于敏感问题的处理更是不够灵活和准确。二是专业救援技能和救援知识不足。当时开赴灾区的部队大多数是临危受命,很多都缺乏专业的训练,心理上和技能都没有做好充分准备。有的指挥人员在组织专业性强的自然灾害救援行动时,由于缺乏力学等专业知识,对于力体结构不是很了解,急于想完成任务,对于坍塌的建筑如何下手,完全凭借自身经验,直接影响了救援效果。抗震救灾中有的部队指挥员运用专业力量时机把握不准,不能及时组织运用既有装备器材进行救灾。

(4)军地联动应急指挥保障不够有力,与完成繁重抢险救灾任务不相适应。
具体主要表现如下。一是军地信息共享保障不健全,导致任务部队获取信息不及时,各级很难在第一时间掌握灾情信息。一方面,各级指挥机构的情报有的需要通过现场的任务部队反馈上来,这种反馈最为真实,但是由于缺乏先进的信息采集手段和采集方式,使得经过各层级传达后信息保真度下降;另一方面,任务部队深处大山,对于救援行动只能通过有限的情况通报获得,一层一级通报下来,获得的信息都已经不是最新的,不能在第一时间以同步的方式获取信息,信息共享手段和方式严重不足,导致很多情况下只能被动式地等待救援任务。二是在指挥保障方面,指挥通信手段存在着"高不成、低无备、不兼容"的问题,先进的通信设备损毁严重,简易通信器材缺乏预置,军地通信不兼容,影响了指挥的时效性。军队通信手段与地方不兼容,造成军地联合指挥信息传递不通畅,军地双方建立联系十分困难,军方在救灾现场获得的最新情况很难第一时间传递到地方政府。另外,对于应急指挥过程中由于对电磁频谱资源缺乏有效的统筹规划,使得电磁频谱管理混乱,每个单位立足于自身的实际使用装备,致使用频装备自扰互扰。同时,受特殊环境影响,有的指挥信息系统功能失常,在平原地区能够在上百千米距离有效传输的无线电台到了地震灾区,受到地形环境的制约,通信效果受到严重影响。

8.3 2008年南方雨雪冰冻灾害突发事件

8.3.1 案例描述

2008年1月以来,我国南方大部分地区和西北地区东部都出现了新中国成立以来罕见的持续大面积低温、雨雪和冰冻的极端天气,持续时间之长,降温幅度之大,降水强度之大,覆盖地域之广,历史罕见。灾害波及21个省(区、市),造成湖南、湖北、贵州、广西、江西、安徽等十几个地区不同程度受灾,成千上万的车辆和人员被困旅途中,全国多地电力中断,通信设施受损严重,铁路、公路阻断,大批车辆、人员滞留公路、机场和车站,人民群众生命安全受到威胁,财产和生产生活遭受重大影响。解放军部队、武警部队共派出8个集团军、60个师(旅)、15个省军区、19个武警总队赶赴灾区,军地双方展开联合行动,共同抗击雨雪冰冻灾害。

持续低温雨雪、极端冰冻气象灾害给多个省(区、市)的交通运输、电力输送、通信设施、农业及人民群众生活造成严重影响和损失。这次极端恶劣天气持续时间长、危害范围广、影响程度深,对国家信息基础设施带来极大的损毁,给人民群众生命财产和工农业生产造成了重大损失。

8.3.2 案例分析

1. 应急指挥组织与指挥关系

(1)国家应急指挥体系。灾情发生后,党中央、国务院、国家有关政府部门和相关省级人民政府开展了相应的应急指挥协调行动。中央层面针对此次灾害所采取的指挥协调方法是:发布预警通知,召开不同层次会议,组建国务院煤电油运和抢险抗灾应急指挥中心,总体的应急指挥体系如图8-10所示。指挥部设总指挥和副指挥各1名,办公室主任1名,由原总参谋部、国家发改委、中国气象局、交通部、铁道部和公安部等部门领导及成员组成,具体应急指挥协调主要基于本部门日常职能采取应急行动或提出要求。

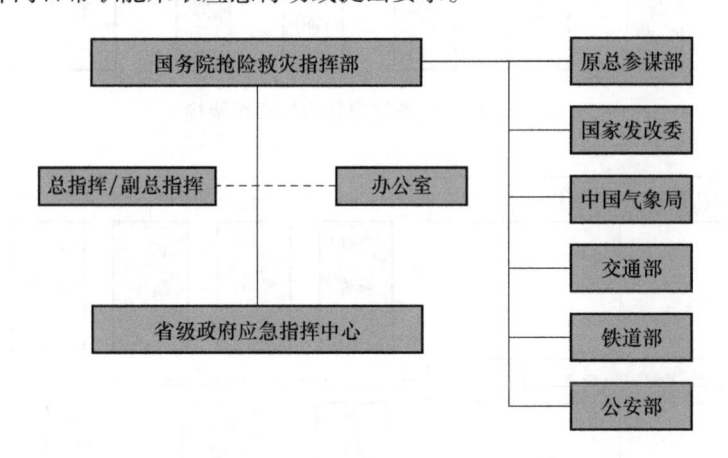

图8-10 雨雪冰冻灾害国家应急指挥体系

国务院抢险救灾应急指挥中心依托国家发展改革委,成立煤电油运保障、抢通道路、抢修电网、救灾和市场保障、灾后重建和新闻宣传6个指挥部,如图8-11所示,分别加强对重点领域的指挥协调。其主要职责:第一,对全国煤电油运和救灾抢险的情况及时跟踪掌握,综合协调救灾期间遇到的问题,尤其是解决重大突发性问题;第二,督促各地政府部门严格落实国务院抢险救灾应急指挥中心下发的救灾政策措施,并向国务院汇报指挥中心综合协调的情况;第三,加强新闻发布管理,强调政府信息公开透明,在政府门户网站及时发布抢险救灾信息。

(2)军队应急指挥组织架构及机构编组。1月30日上午,军队抢险救灾指挥组宣布成立,在国务院、中央军委统一领导下,原各军区、军兵种、武警所属任务部队及省军区迅速建立应急指挥机构。抢险救灾期间,军队形成的应急指挥体系如图8-12所示。

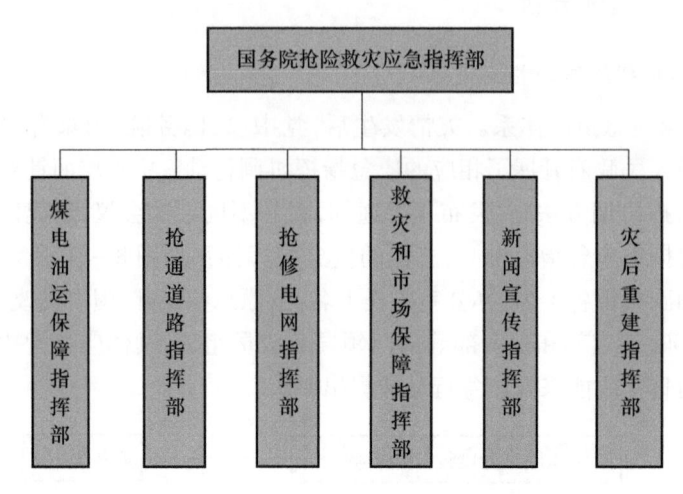

图8-11 国务院应急指挥组织架构

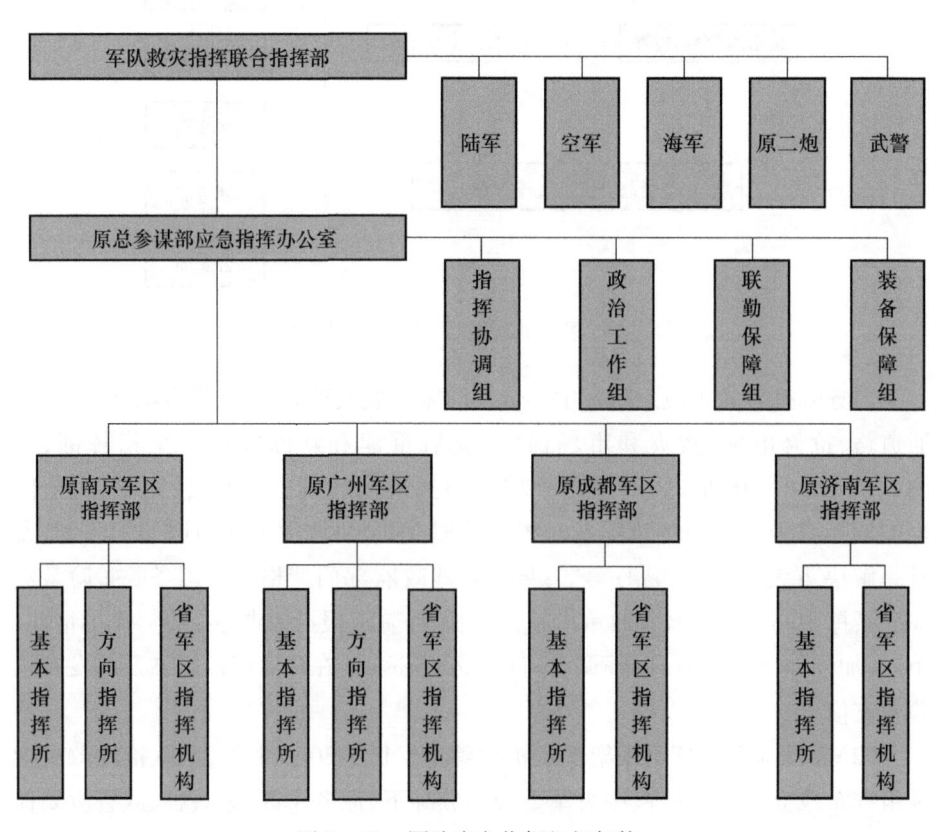

图8-12 军队应急指挥组织架构

根据受灾地区的行政划分,分别成立了原南京军区、原广州军区、原成都军区、原济南军区指挥部,明确了相应的责任区域。其中,原各军区分别建立基本指挥所,原南京和广州军区在几个重灾区设立方向指挥所,具体负责辖区内的救灾行动。各部队和相关省军区分别建立应急指挥机构,组织部队、民兵预备役人员迅速展开救灾行动。

(3)地方应急指挥组织架构及机构编组(省级)。此次冰冻雨雪灾害受灾各省政府的应急指挥协调方法与中央层面和国家有关部门的做法基本相同,主要基于本地区的具体灾情要求采取应急行动或提出相关要求,其中受灾较重的湖南、湖北、广东以及江西等省分别设立了抢险救灾指挥部,根据本地区的实际情况,构设了不同的指挥小组,如图 8-13~图 8-16 所示。

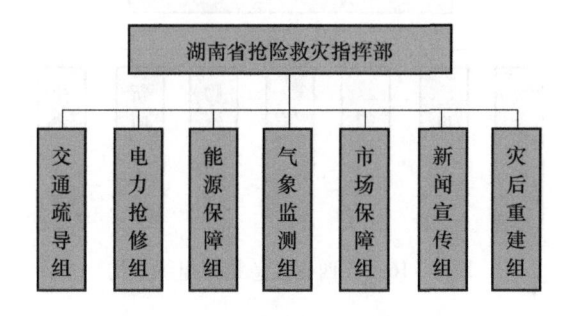

图 8-13 湖南省应急指挥组织架构

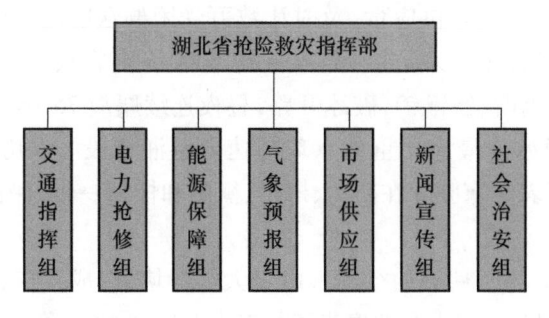

图 8-14 湖北省应急指挥组织架构

2. 应急指挥过程

从应急指挥的角度看,此次救援行动主要是 3 个方面。

(1)抢通道路的应急救援行动。1 月 31 日,京珠高速公路部分路段被厚达 30~50 厘米的冰层覆盖,在湖南南部和广东北部,交通严重堵塞,长达约 100 千米的路面被近 3 万辆车辆阻塞,十几万群众在严寒中忍饥挨饿,急需救援。广州军区某炮兵师紧急组织 400 多名官兵,分别奔赴 4 个群众被困地点,利用他们带

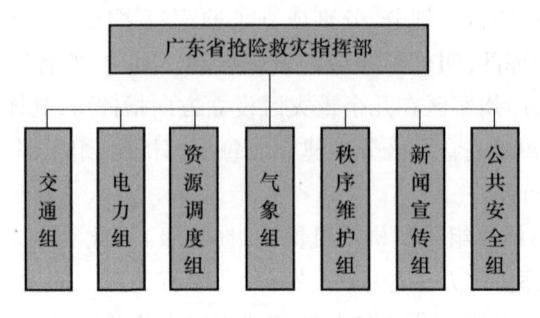

图 8-15　广东省应急指挥组织架构

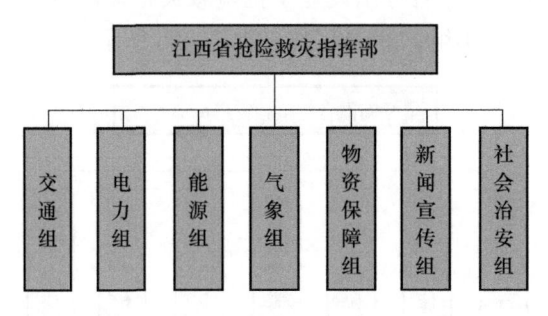

广东省抢险救灾指挥部下设：交通组、电力组、资源调度组、气象组、秩序维护组、新闻宣传组、公共安全组。

图 8-16　江西省应急指挥组织架构

江西省抢险救灾指挥部下设：交通组、电力组、能源组、气象组、物资保障组、新闻宣传组、社会治安组。

来的40多台野战后勤保障车辆，昼夜不停地为受困群众现场烧制热饭热菜，每小时达1000多份的饭菜供应量，及时让数万受困群众能吃上热饭，喝上热水。另一边，破冰开路的官兵队伍也在昼夜奋战，6000余名官兵，12万民兵预备役人员，用机械推、钢镐凿、铁锹铲，破冰开路，昼夜连续鏖战75小时，终于在2月4日凌晨1时，打通冰冻最为严重的京珠高速公路湘粤段。农历新年前夕，仍有1000多名官兵冒着严寒驻守在韶关、郴州、衡阳和桂林一带，保护京珠高速公路主干道运行畅通。

(2)维护公共场所秩序的行动。由于大雪封堵，造成京广铁路部分路段无法通车。临近春节，广州火车站聚集了二三十万返乡旅客，像潮水一样涌动的大量人群，随时可能失控，引发大规模踩踏事件。部队迅速组织官兵利用人墙形成三路纵队，穿插楔进广场聚集的数十万人群中，将人群分割成一个个小的网格，逐步疏散小网格中的旅客，秩序送站，使杂乱无章的火车站广场被有序控制。针对群众返乡心切、滞留时间长、衣食困难，可能出现情绪急躁、言行过激的情况，首长给部队明确了严格的铁律。指挥中心考虑到滞留群众不仅面临着实际的生活困难，还存在严重的情绪焦虑问题，因此，军区派出的保障力量也兼顾了两方面，既有保障饮食、衣物、医疗救助的物质保障服务队，又有缓解焦虑情绪的文艺演出服务队。军队地方紧密结合,经过5昼夜连续奋战,滞留在广州火车站的30余万待返乡旅客被安全疏导离开,其间,由于拥挤摔倒的2000多名旅客被及时救治,各类紧急情况300余起被安全处置,使春运的火车站秩序井然,广大旅客的人身安全得到了保证。

(3) 抢通电力设施的行动。华南地区部分电网破坏严重,电力设施大量被损毁,涉及中南地区四省区上百县市停水停电。2月10日开始,军队先后派出1个师、2个旅、3个团的官兵,与地方20余万民兵预备役人员,在中南四省区进行紧急抢修电力设施的重大行动。就在全国各地人民正欢天喜地迎接春节到来之时,尽管鹅毛大雪如飞刀似的打来,尽管大雨如水桶般向下泼洒,官兵们用自己的血肉之躯完成了一系列不可能的事迹:打通道路,炸开巨石……许多官兵都在这堪称不可能的任务中受了伤,胳膊上、腿上满是伤痕,有的地方血液已浸透了衣服,可是却没有一个官兵叫苦叫累,更没有一个官兵停下抢修的脚步。经过20多天的连续作战抢修,完成约4000千米电力线路通联,顺利完成电网恢复重建任务,比国务院规定的时间提前了20余天。

3. 应急指挥方式

此次救灾行动,各任务部队坚持集中指挥、靠前指挥,多级联合办公,精简指挥层次,优化指挥流程,确保部队有序展开行动。一是实施集中指挥。军队参加重点方向抗击冰雪灾害的力量,包括诸军兵种及武警部队等,总部明确由原广州军区建立基本指挥所,统一指挥参加该方向救灾行动的部队,通过网络监控系统实时掌握现场态势,及时形成决策、下达命令,组织部队展开行动,大大提高了指挥效率。二是实施靠前指挥。救灾期间,胡锦涛主席视察广西灾区,接见救灾部队官兵,亲自搬运救灾物资,极大地鼓舞了广大官兵的士气;中央军委派出3个工作组深入一线指导抗灾;原南京军区和广州军区司令员、政委及其他常委多次亲临各地"卡脖子"路段,现场指挥救灾工作;800多名军师职干部始终留在抗灾救灾第一线参与现场救灾工作。三是实施委托指挥。在抗击冰雪灾害过程中,原广州军区及时委托各省(自治区)军区进行指挥,充分调动了现场指挥员的积极性和创造性。四是实施越级指挥。在要道破冰除雪、维持要点秩序、修复电网节点等关键时节,总部、原军区指挥员果断实施越级指挥,亲临一线应急调度兵力、装备和物资,直接指挥精兵利器集中突击,大幅提高了救灾效益。

4. 应急指挥手段运用

无人机遥感和通信保障是这次抢险救灾中用到的两种主要应急指挥手段,

对此次救灾行动取得胜利起到了非常重要的作用。

(1)无人机遥感指挥手段运用。低温冻雨的恶劣气候使得卫星遥感系统失效,而传统飞机由于需要使用卫星遥感系统而不能正常工作。无人驾驶飞机弥补了这一缺陷,它受卫星遥感系统影响小,可以代替传统飞机捕获到受灾区域房屋和电网等信息基础设施的损毁最新情况,全面、客观、准确地将灾区状况及时传回到指挥中心,有力支撑了指挥中心对灾情的准确评估和灾区重建的指导。在我国此次特大雨雪冰冻灾害的救援过程中,无人机遥感技术大显身手,成为救援力量的"先锋军"。雨雪冰冻灾害发生后,国家减灾中心小组迅速抵达桂林,采用桂林航龙公司的"千里眼"微型无人机对灾情进行监测和应急评估,获取高分辨率的影像,对低温的发生强度以及雨雪冰冻灾害的分布范围进行动态监测,通过分析对比低温冰冻天气发展的一般规律,实施把握最新灾情进展,对政府及时有效更改救灾措施提供科学有效的理论依据。这是国内第一次成功将无人机遥感系统应用于救灾工作。

(2)通信指挥手段运用。雨雪冰冻灾害是通信的克星,地方建设的通信网络全面中断通信。相比较而言,军用通信网络由于以作战需求为建设根本,在此时的恶劣冰冻灾害面前仍然能够提供稳定通信。为了应对这一问题并及时恢复电力供应,抗灾应急值班制度被第一时间建立起来。原总参通信部第一时间调整了全军所有的有线和无线通信,将优势通信资源进行有机整合,对抗灾部队进行有效通信指挥。在这次灾害中,原总参指挥部集中力量组织受损毁的原南京、广州、成都军区抢修恢复通信网络,采取网络迂回手段有效避开通信网络中断点,采取油机供电手段提供通信应急电源,从而紧急修复应急通信网络,最低限度确保指挥畅通,为及时恢复通信提供了有利的条件。军地通信畅通是保证军地协同应急指挥的前提,原总参通信部调配近千部卫星电话等通信装备,在多地临时开设应急通信枢纽近 40 个,使有线电缆、无线通信及机动通信 3 种通信手段相结合,恢复了原南京、广州、成都军区的网络通信,确保国家能够对灾区救援工作进行有效指挥,灾区一线的救援现场能够第一时间传输到指挥部,使救灾工作有了有效的依据,加速了工作的进程。

8.3.3 成熟度分析

1. 故障模型

应急指挥关系不清晰,导致指挥效率不高。在救援初期由于准备不足、对各种情况的预想不够,使得救援工作初期进展不顺。信息通联方面,无法保证通信设备彼此之间的通信畅通,缺少足够的带宽;诸救援实体之间缺少交互的平台,现场信息掌握不及时不全面,缺乏知识信息共享机制;各级指挥机构之间的指挥决策权力分配方面存在决策不及时、决策错误等,其故障模型如图8-17所示。

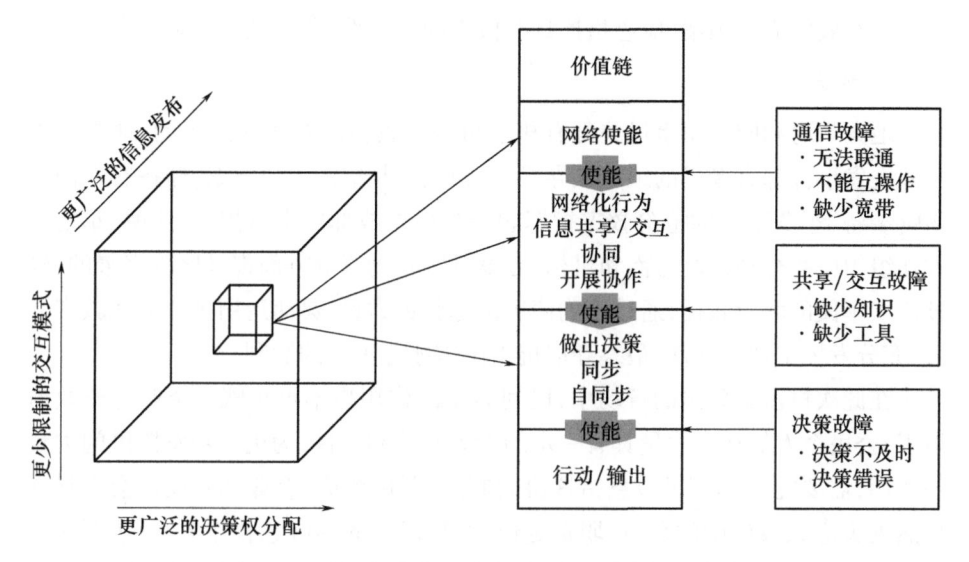

图 8-17　2008 年南方雨雪冰冻灾害突发事件故障模型

2. 成熟度等级

抗击雨雪冰冻灾害过程中,通信故障表现为不适当的指控方法或组织设计,通信操作行为失误;由于系统设计或政策缺陷原因导致设备因缺乏互操作、设备带宽不足而无法通信,或者由于基础设施、设备破坏或损坏、物理限制等环境因素导致无法通信,根据军地联动指控成熟度等级划分标准,2008 年南方雨雪冰冻灾害突发事件成熟度等级为 1 级,如表 8-2 所列。

表 8-2　案例成熟度等级

通信故障		无法通信						成熟度等级
^	^	由于系统设计或政策缺陷导致的			由于环境导致的			^
不适当的指控方法/组织设计	通信行为上的失误	缺乏互操作	设备或带宽不足	安全性约束	基础设施/设备破坏或损坏	物理限制	敌方干扰	^
√	√	√	√	—	√	√	—	等级 1

123

8.3.4 经验与教训

此次冰雪灾害突如其来,军队参加抗击冰雪灾害救援行动既没有历史经验也缺乏有效的应急预案,应急指挥具有极强的应急性、联合性和复杂性。

1. 经验

地方政府和同级军事机关都有相应机构负责抢险救灾应急行动,地方各类公共突发事件都有专门的组织领导机构,拟制了相应的应急方案,储备有专门的物资装备,军队系统的抢险救灾指挥职能是由作战部门来承担,应该说,军地双方在组织应急行动机制方面和机构、方案、队伍、物资等方面都是比较完善的,经过广大军民的联合救援,通过正确使用抗冻救灾力量,灵活运用多种抗冻救灾方法,充分发挥主观能动性,最终夺取抗击雨雪冰冻灾害的胜利。

在此次抗击暴风雪的行动中,民间力量的作用也不可小觑。企业与非政府组织、公民个人等社会力量具有一定的能力和便利条件,为进一步发挥民间力量的作用,需要完善军警民应急指挥协同制度,明确政府、企业和其他社会力量在自然灾害应急救援中的角色、职责定位,并形成稳固的应急合作关系,按照统一的目标,配置各自的应急资源,并联合制定应急预案、进行公共安全形势会商、开展应急演练、处置突发事件。

2. 教训

在获得许多经验的同时,通过此次抗击雨雪冰冻应急指挥行动,也反映出军地应急部门在面对重大自然灾害时的应急指挥机制、平台建设、应急响应体系以及应急指挥体系建设等方面还存在诸多问题,主要表现在以下几个方面。

(1)应急指挥体制机制不健全,联动指挥优势不明显。

一是应急指挥关系不清晰,导致指挥效率不高。军地双方虽然都建立了应急指挥机构,但均是自成体系,而往往在这种情况下,仅靠单一方是很难完成任务的,需要双方甚至多方的通力合作。由于平时军地联合演练少,部分单位的指挥权限划分不够明确,还存在个别地方领导越权指挥部队的情况。在军地双方主要是通过协调与沟通的方式完成相应的指挥任务,组织指挥比较混乱,随意性大。在道路抢修过程中,有个别单位执行指示不够坚决,完成任务不够彻底,在没有接到军地联合指挥部命令的情况下,擅自撤回部队、擅自更改抢修计划。未来的作战或非作战行动,都要牵涉跨兵种、跨战区、跨建制用兵或跨企业、跨行业、跨省市的协同努力,这就需要一个应急机构来协调,来统一指挥。

二是关于启动应急机制的方法、程序和时机缺乏有效的依据,更多地依赖人为的主观判断,导致在决策的科学性和指挥的效果性等方面还有欠缺。抗击雨雪冰冻应急行动虽然较好地检验了军队系统应急指挥能力,但这种效能的发挥很大程度上不是在体制机制的指导下完成,而是在大规模人力资源的支撑下完成的,一旦决策失误,后果不堪设想,既可能关系到人民的生命财产安全,同时更关乎国家经济秩序。

(2)应急指挥响应体系不完整,有备而战的能力欠缺。

这次雨雪冰冻灾害,时间长、气温低、湿度高、雪量大,本身具有很强的聚合性。同时,又正值春运高峰,人流物流大量增加。省内省外互相关联,互相影响。煤、电、油、运互相作用,互相牵制。次生衍生事件不断出现,形成共生状态。加上此类灾害南方少见,缺乏应急准备和应对经验。还有气象部门监测站点少,对不正常的气候变化难以预测,预报期效短,分析研判难。这些情况都给监测、预测、预警、预防和处置增加了难度。总体上反映了针对此类重大自然灾害的应急指挥响应体系不完整,各种应急物资准备不充分,从而丧失了最佳的应急处置时机,同时,在救援初期,由于准备不足、对各种情况的预想不够,使得救援工作变得更加艰巨和复杂。

一是各种应急方案不完善,导致应急行动忙乱无序。有些单位虽然制定了应急预案,但过于原则、针对性不强。相关法规制度还不完备,特别是军地联合指挥救灾协作方式和军队抢险救灾消耗物资器材的补偿等问题,还不明确。应对各种重大自然灾害,并没有制定系统配套的总体预案和具体行动计划,同时在科学化、精细化、常态化上还很不规范。特别是针对不同性质、不同程度的自然灾害,缺乏可操作性、指导性和实用性的应急方案。加上此次灾害是跨部门、跨省市、跨行业的,多个方面有交叉、有遗漏,难以做到情况分析明、任务区分清,在整体救援行动效率上不是特别明显。

二是应急预警机制不灵敏,导致响应速度迟缓。由于雨雪冰冻救援行动中,军地间灾害信息的共享与传递还缺乏有效的信息交互平台和信息共享机制,导致部队不能及早、及时地掌握灾情变化,影响了决策效率。需要明确担负预警任务的职能部门,并对其职权和职责予以界定,军地之间要加强沟通,建立起畅通无阻的信息情报传递渠道。需要通过完善预报通告制度,采取定时通报、随机通报和越级通报等多种方式,增大军地之间的信息情报互动,不断提升应急响应的效率。

三是应急装备物资预置不足,临时抽调耽误救援行动。各种物资装备,用在应急,备在平时。从这次救灾可以发现,在南方省份,基本没有应对雨雪冰冻灾害的机械设备、融雪和防滑等物资储备,严重影响了抗击雨雪冰冻灾害的初期效果。军地双方共同执行多样化任务,就必然要求实施资源共享、互补式预置。从实际情况看,军警民之间应急资源共享的程度不高,影响了完成任务的效率。在信息情报、人力物力、装备器材、交通通信、舆论宣传等方面,互通有无、科学配置的能力还不足,未能充分发挥资源的最大效益。

(3)应急指挥法规制度不完善,力量资源整合利用不够。

这次灾害涉及多个部门,包含交通、电力、煤电、油料、气象等,覆盖了湖南、湖北、广东、广西、江苏、浙江等多个省份,指挥协同主要通过协调会议的形式、以任务为主要依据来协调各种救援力量之间的行动,协同方法、协同纪律、协同动作以及协同失调时的恢复措施没有具体明确,以致部分力量展开时不能保证按时到位,一些指令不能很好地贯彻落实。

8.4 小　结

自然灾害发生之前没有明显征兆,灾害发生情形异常复杂,并且存在潜在的次生危害,往往会造成严重的破坏后果,采用常规手段来处理难以奏效。结合社会发展,未来我国应对重大自然灾害应急指挥可通过健全应急联动机制、注重多元主体的协同治理模式、建立应急管理权责机制、建立风险管理机制、重构应急法制体系、完善信息发布与舆情引导机制等提高应急管理和指挥,实现国家的长治久安。

第9章　公共卫生领域中的应急指挥[①]

公共卫生事件是四类突发事件中的一类，主要包括突然发生并造成或者可能造成社会公众健康严重损害的重大传染疫情，群体性不明原因疾病，重大食物和职业中毒，重大动物疫情，以及其他严重影响公众健康的事件，而其中又以重大传染病最具危害性和最难防范。

本章选取了我国暴发的"SARS非典型肺炎"公共卫生领域重大事件，从案例描述和案例分析两个方面总结梳理了若干深层次的问题和公共卫生突发事件的应对及处理措施，为提升军地联动处理重大突发公共卫生事件应急指挥效能提供借鉴。

9.1　公共卫生领域应急指挥概述

各类突发公共卫生事件，对民众的身体健康带来重大伤害，也会引起社会的动荡。为此，国家和军队都加大力度，处置突发公共卫生事件。虽然军队和地方疾控机构是两支隶属于不同体系的专业技术队伍，但是，面对来势汹汹的公共卫生事件，军地双方都必须全力以赴地迅速处置，为国家建设发展提供力量。

突发公共卫生事件具有突发性、群体性和变异性等特点，与一般应急管理规则和程序相比，突发公共卫生事件具有独立的反应体系。重大突发公共卫生事件应急指挥是由有关政府部门和相关行业人员建立的指挥机构，以一定的指挥方法和手段，开展预防、控制和处置工作，迅速有效地遏制疾病的传播和蔓延的行为或过程。

[①] 本章介绍的公共卫生事件内容、数据全部来源公开信息。

9.2 SARS 非典型肺炎疫情暴发

9.2.1 案例描述

2002年11月16日,佛山市人民医院接诊一例特殊的肺炎病人,后被认定为首例"非典"病人。一直到2003年2月,"非典"都集中在广东省,但是非典病毒并没有停滞不前,疫情在不知不觉中扩大,2003年3月,在北京发现了首例SARS病例,随后,"非典"在北京呈现蔓延趋势。3月12日,世界卫生组织向全球发出警报,全世界众多地区出现急性呼吸系统综合征为流行传染疾病。仅仅几个月,SARS蔓延病例遍布全世界。

2003年暴发的SARS疫情是新中国历史上的一次重大突发公共卫生事件。第一例非典患者是在广东发现的,短短几个月,非典病例迅速扩散至全国20多个省市,全国多地市民众被感染,造成重大的经济损失,对我国政府应对突发事件的能力提出了严峻挑战。

9.2.2 非典型肺炎危机的应对过程

此次非典型肺炎危机的应对过程大致可以分为3个阶段。

1. 最初预警阶段

从首例非典型肺炎患者确诊,到SARS逐步被公众和政府正式关注,这是此次SARS危机的最初预警阶段。最初阶段,此次危机没有引起官方的足够重视,新闻媒体上看不到任何政府全面公开的报道,在各类媒体网络平台上,每天都可以找到各种小道消息。此时,网络上充斥着各种非官方正式公布的传闻,第一例病例发生的广东省出现了市民大量哄抢抗病毒药物、食用醋和口罩等。

2. 初步反应阶段

2003年2月10日,广东省政府通过各种主流新闻媒体向公众报道了SARS的最新数据和进展,此时,SARS危机进入了初步应对阶段。这个阶段一直持续到2003年4月17日中央政治局常务委员会召开了专门研究非典的会议。正是在这个阶段,人们意识到非典型肺炎存在的传染性这一潜在危险,但政府处置SARS危机的重点是通过官方数据来消除不实传言对公众的恐慌,而不是把处置焦点放在控制疾病的传染性上。

3. 全力应对阶段

2003年4月17日,由于非典型肺炎给全国民众和社会带来严重危害,中央政治局常务委员会专门召开会议研究非典型肺炎问题,此时,此次 SARS 危机进入全力应对阶段。政府出台了一系列紧急措施来应对此次非典型肺炎危机,如政府人事任免,规范新闻报道的时间和信息,组织全国各行各业的力量综合应对此次危机。政府处置此次非典型肺炎危机的焦点正式转移到控制传染性疾病本身上。

9.2.3 非典型肺炎危机的经验和教训

此次非典型肺炎事件,传染之迅速、防控任务之繁重、防止难度之大是新中国历史上前所未有的。在整个抗击非典疫情行动过程中,政府启动了各种应急管理机制和处置手段,获得了不少值得后来借鉴的经验,也存在着诸多处置上的不足,因此,总结经验和教训,能为我国今后应对突发事件应急机制的完善提供一定的参考依据。

1. 经验

(1) 真实数据报道是疫情防控的基础。真实的数据报道和有效的信息沟通在应对突发事件的行动中起着十分重要的作用,包括政府与公众的沟通,各防治部门之间的横向沟通和上下级之间的纵向沟通。中共中央和国务院明确各级政府必须如实上报疫情数据,绝不允许缓报、瞒报和错报,并派遣督查组到各地对疫情上报数据进行核查和监督,确保肺炎疫情数据的公开报道和真实翔实。

(2) 统一指挥是疫情防控的根本。在抗击非典期间,中共中央成立国务院防治非典型肺炎指挥部,对全国非典型肺炎的防治工作进行统一的指挥控制和调度协调,对于协调投入非典型肺炎防治工作中的人力、物力进行了有效的整合和协调,对提高疫情防治效率极为重要。

2. 教训

非典型肺炎暴发初期,由于疫情尚未充分展现,人们对其潜在的危害性没有足够的认识,耽误了疫情初期的处置行动。

(1) 缺乏危机意识和危机认知偏差。在最初预警阶段事态的最初发展过程表明,非典型肺炎刚出现时人们对其潜在的危害性没有足够的认识。最初的病人和为其治疗的医生可能都不会想到,这种疾病会在未来的几个月内蔓延到中国的大多数省份和世界上很多国家的近万人,数百人死亡,重创旅游等一些密切相关的行业。警觉程度低,缺乏应有的危机意识,影响了疫情初期的防控。

在初步反应阶段,人们对危机事件的认知出现了一定的偏差,对非典型肺炎疾病本身的威胁认识不充分。和在初期预警阶段的反应迟缓的原因一样,造成危机认知偏差的原因与知识和技术手段的不足有关,同时,淡薄的危机意识也在起作用。

(2) 信息披露不及时导致公众信任危机。在非典型肺炎暴发的初期,政府和新闻媒体没有向社会及时公布非典型肺炎感染的人数和传播的危害性,这种做法主要是考虑公众在没有完全搞清楚疾病性质的时候一旦公布会引起社会的恐慌,会影响社会稳定。事实证明,公众对事件的充分了解和社会稳定不是矛盾的,而是一致的。公众知情是保证社会稳定的前提之一。无论对事件本身的认识处于哪个阶段,公众的知情都是必要的。

在初步反应阶段,尽管政府相关部门和新闻媒体都大力宣传非典型肺炎已经得到控制,不会大范围流行,病原已经找到,有效控制措施已经找到等正面内容,力图消除公众的恐慌。但由于公众对非典型肺炎疫情本身的情况了解得不够充分,从公开报道获得的信息与其他渠道获得的信息不一致等原因,人们的恐慌非但没有消除,反而对媒体产生了信任危机,从而引发了2003年2月中旬的几乎波及全国的药品和日用商品的抢购与涨价风潮。人们在信息缺乏、信息渠道不通畅,或得到的各种信息相互矛盾时,必然产生对某方面的信任危机。

(3) 前期力量投入不足。对危机的认识不足,必然导致应对力量投入的不足。直到2003年4月上旬,只有疫情严重的北京和广东两地的医疗系统,直接采取行动应对非典型肺炎疫情的传播和救治,其他相关部门几乎没有采取任何行动。突发事件由于其影响范围广、影响机制复杂等特点,对其应对通常需要多方力量的协作,否则,往往不会有显著的效果。例如,对疾病快速传播的控制,需要媒体对其知识的宣传,需要交通部门设法阻断其通过交通的传播,强制隔离需要公安部门的介入等,绝不是单一的医疗卫生系统可以胜任的。

进入4月中旬后,政府逐渐认识到非典型肺炎的危害,一些政府部门也开始参与应对,铁道部、交通部、民航总局等部门联合发布通知,要求相关单位加大检查力度,杜绝非典型肺炎通过交通工具的传播传染;国家质检总局发布公告,加大出入境商品和人员的检查力度。

由于突发事件影响迅速,如果应对危机方法不得当,人员物资供给不到位,任何拖延都会造成难以设想的后果。

9.3　小　结

2003年发生的"非典"暴露了我国在新型传染病预防与应对上的不足,国务院提出,我国将加快建立健全突发公共卫生事件应急机制,提高应对公共卫生事件的处置能力。近年来,军队与各级政府不断探索加强应对突发事件的军地联合应急指挥工作,并成功处置了一系列重特大突发事件。从实践中可以看出,我国突发公共卫生事件应急指挥工作仍有待完善。军地联合应对突发公共卫生事件时,可通过完善法律法规、建立健全组织领导、建立定期联席制度、联合学术公关、健全协同机制以及资源共享等措施,使军地联合做到无缝连接、有机整合、快速联动,提升军地联合的效能。

第10章 思考与建议

军地联动应急指挥具有不确定性、复杂性、多变性的特征。目前,我国军地联动应急指挥缺乏科学理论指导,在应对重大突发事件时,军地双方情报通信难以共享、指挥力量难以协同、资源调度难以整合优化,未形成军民融合应急处置和救援体系。本书研究工作有利于监测和处置突发事件,增强军地跨部门协同联动应急指挥的敏捷性,提升相关部门应对突发事件的风险防控和应急处置能力,快速地控制事态发展、蔓延,对国家安全和公共安全具有理论研究价值和工程实践应用意义。

10.1 加强军地联动应急指挥体系建设的思考

如何建立健全常态化军地联动指挥体系,充分发挥军队在协助地方应急处突工作中的作用成为亟待破解的课题。目前,军地联合行动在指挥关系、信息共享、预案体系等方面尚存在一些矛盾问题,具体表现在以下几方面。

1. 军地联动指挥关系不顺畅

军地联动应急行动时效性高、不确定因素多,参与力量多元、涉及面广,指挥关系自成体系、互不隶属,指挥权责关系容易交叉,兵力运用特殊要求容易延长指挥周期。急需建设军地联动应急指挥体制,既能适应突发事件应急处置状态,亦能应对常态化联动管控,为"精干联合、编组科学、权责明晰、关系顺畅"的军地联合行动指挥提供有力支撑。

2. 军地联动信息网络不畅通

信息网络是保障军地部门的信息有效共享的重要支撑,是统筹军地各系统、各部门、各单位的力量,整合资源和军地联动应急指挥科学决策的基础。由于目前军地信息保障体制不统一,军地部门之间互联互通问题突出,军队和武警部队具备纵向贯通的指挥链路,地方政府机构的网络信息系统主要完成专业信息处理,未形成面向各类机构、部门处置的指挥链路,难以适应大规模军地联动指挥协同任务。

3. 军地联动预案标准不统一

军地要形成合力,关键看预案。过去,各部门、各单位独立拟制预案。一方面,预案标准化程度低,多部门共享难;另一方面,军地各自拟制预案,双方沟通少。往往造成上下级预案不衔接、军地方案"两张皮",难以满足军地联合指挥、联合筹划、联合控制的要求。在突发事件爆发时,统一和协调问题多,缺乏军地联动预案的一致标准和多方力量联动拟制预案机制是导致军地预案不统一、不协调的关键。

10.2 加强军地联动应急指挥体系建设的建议

1. 完善"快速响应、协同应对"的军地联动指挥机制

军地联合行动必须要强化统一指挥和协调联动,要建立顺畅高效的联合指挥机制,确保军地之间跨域跨部门密切协同。一是建立权威指挥协调机构。军地联合行动涉及公安、应急管理、卫健委等部门,应建立由党政军警和有关职能部门共同组成的权威联合指挥机构,在各省市区应急管理局常设军地联动应急指挥中心,编设军队相关人员席位,明确指挥主体、职责要求和任务分工等事项。二是完善军地联动对接制度。在军地联席会议的基础上,军队和地方建立常态化日常联络、情况通报、要情会商等对接制度,畅通需求提报渠道,共同研判形势,形成处置合力。三是强化军地一体联合行动。在军地联动指挥机构的统一协调下,平时根据职能任务,针对性地开展军地联训联演,整合资源、聚合力量;遇有突发事件,适时分级启动响应机制,统筹协调救援行动,分域指挥军地力量,实施专业化处置。

2. 构建"实时共享、顺畅高效"的军地联动网络信息体系

情报大数据是军地联动应急指挥科学决策的重要保证,应从网络、链路、平台3个方面建设军地联动网络信息体系。一是融合军地情报网络。依托军地双方的情报部门,构建覆盖全域、突出重点区域、兼顾关联区域的情报网络,涵盖全程全时,覆盖灾情、险情、交通、气象、水文、舆情等各领域,进一步拓宽情报获取和传输的途径。例如,在省/市大数据管理局建立军地统一的情报信息中心,集中对获取的情报信息进行筛查、研判、核查、监控和管理,根据任务需要精准推送情报。二是打通应急通信链路。统一通信体制,整合现有应急通信系统技术,研制多模兼容通信指挥终端,扩大应急通信装备覆盖面。在应急通信中应着重发展卫星通信与5G移动通信技术,提前布局。抓住空间信息网络的发展机遇,建

设适度规模的卫星网络,提高覆盖能力,拓展带宽资源,满足复杂地形环境条件下的数据、语音、视频等多种业务需求。三是搭建应急指挥平台。面向党政军警民一体化应急处置需求,研制应急指挥信息系统,综合运用人工智能、大数据、无人机等前沿信息技术创新成果,重点支撑应急现场态势的综合分析判断、智能感知、应急辅助决策支持和人员搜救与疏散等能力生成,提升应急指挥效能。

3. 健全"要素完整、体系配套"的军地联动预案管理体系

军地要形成合力,关键在预案管理,要确保军地双方预案统一、精准、有效。一是规范预案编制。按总体筹划、各有侧重、互为补充的原则,采用顶层设计、分级分类的方法,形成覆盖国家、省、市不同层级,覆盖灾情、疫情、交通、气象、水文、舆情等各领域的应急预案体系。规范预案制定方法流程,明确内容要素;整合军地双方信息资源,建立基于知识图谱的预案库。二是联合推演评估。实用管用的预案需要军地各方采用联合模拟推演的形式,发现预案执行过程中的力量编组、资源调配、专业协同问题,优化方案设计,评估论证方案的可行性、有效性和适用场景。三是适时迭代更新。应对公共安全威胁的多样化、复杂化和不确定性,军地双方要紧盯形势发展,基于大数据支撑,加强前瞻预判,及时修订完善预案,确保面对新情况、新需求、新任务,处变不惊、快速响应、高效运转。

鉴于地方政府大部制改革和军队编制体制改革,尤其是2018年国家成立了应急管理部,新时代赋予了军地联动应急指挥新的职能和使命,仍有许多工作需要进一步完善和解决,例如,如何将5G、区块链、人工智能等新兴信息技术运用到军地联动应急指挥中,提升军地联动应急指挥效能;如何融合军队和地方指挥的优势与特点,针对不同的事件场景,推动军地联动应急指挥朝着网络化、敏捷化、智能化、一体化的方向发展。

参考文献

[1] 国家突发公共事件总体应急预案[R]. 中华人民共和国国务院,2006.

[2] 国家突发事件总体应急预案[R]. 中华人民共和国国务院,2025.

[3] 中华人民共和国突发事件应对法[R]. 第十四届全国人民代表大会常务委员会,2024.

[4] 中华人民共和国国家安全法[R]. 第十二届全国人民代表大会常务委员会,2015.

[5] 国家自然灾害救助应急预案[R]. 中华人民共和国国务院,2024.

[6] 国家安全生产事故灾难应急预案[R]. 中华人民共和国国务院,2006.

[7] 国家突发公共卫生事件应急预案[R]. 中华人民共和国国务院,2006.

[8] 突发事件应急预案管理办法[R]. 中华人民共和国国务院,2024.

[9] 国家突发事件应急体系建设"十三五"规划[R]. 国务院办公厅, 2017.

[10] "十四五"国家应急体系规划[R]. 中华人民共和国国务院,2021.

[11] 军队参加抢险救灾条例[R]. 中华人民共和国国务院、中央军事委员会,2005

[12] 中国人民解放军司令部条例[R/OL]. [2022-7-20]. https://baike.baidu.com/item/中国人民解放军司令部条例.

[13] 军队处置突发事件总体应急预案颁发施行[N/OL]. 解放军报,2006-11-15]http://jcs.sina.com.cn.

[14] 余存华. 加强军队快速应对突发文件能力[N]. 中国社会学报,2020-04-02(1899).

[15] 卓力格图. 我国应对突发事件的军地协调联动机制建设[J]. 中国应急管理, 2009(10):25-28.

[16] 中华人民共和国应急管理部[EB/OL]. [2022-7-20]. https://baike.baidu.com/item/中华人民共和国应急管理部.

[17] 应急指挥[EB/OL]. [2022-7-20]. https://baike.baidu.com/item/应急指挥/9357576.

[18] 指挥[EB/OL]. [2022-7-20]. https://baike.baidu.com/item/指挥/33056.

[19] 指挥体制[EB/OL]. [2022-7-20]. https://baike.baidu.com/item/指挥体制/55452273?fr=aladdin.

[20] 程芳芳. 中美应急管理体系与科技支撑的现况及比较研究[D]. 广州:暨南大学,2011.

[21] 牛彦杰,王勇,刘斌,等. 军地联动应急指挥训练和评估方法设计[J]. 指挥控制与仿真, 2018,40(6):39-42.

[22] 赵广超,舒伟勇,张永亮,等. 军地联动应急指挥问题分析与故障模型[J]. 指挥控制与仿真, 2018, 40(6):33-38.

[23] 徐晓峰. 军地联合应对突发事件应急处置运行机制研究[D]. 武汉:华中科技大

学,2011.

[24] 闫红伟,何明,牛彦杰,等. 军地联动应急指挥成熟度等级及策略研究[J]. 指挥控制与仿真,2018,40(6):12-15.

[25] 贾思芳. 突发事件应对问题探讨[D]. 曲阜:曲阜师范大学,2010.

[26] 李年生. 探析突发自然灾害事件应急救援军地协同机制[D]. 南昌:南昌大学,2011.

[27] 翟慧杰,龚维斌. 借鉴国外经验建立整建制应急管理培训新模式[J]. 行政管理改革,2018(2):56-59.

[28] 张小兵,张然,解玉宾. 我国应急演练管理研究新进展[J]. 中国安全生产科学技术,2016,12(10):68-73.

[29] 王毅强,蔡永峰. 浅谈应急演练组织与实施方法[J]. 中国新技术新产品,2017(07):140-141.

[30] 郭雪松,朱正威. 中国应急管理中的组织协调与联动机制研究[M]. 北京:中国社会科学出版社,2016.

[31] 李功森,何红悦,张斌,等. 军地联动应急指挥体系的不确定性及其管理策略[J]. 指挥控制与仿真,2018,40(6):16-19.

[32] 戚平,黄涛. 关于加强军地应急联动指挥机制建设的几点思考[J]. 中国应急管理,2010(4):58-59.

[33] 应对重大突发公共卫生事件民兵力量建用的思考[EB/OL]. [2022-7-20]. https://www.163.com/dy/article/FALFNF2J05313T84.html.

[34] 任海泉. 军队指挥学[M]. 北京:国防大学出版社,2007.

[35] 郭景涛. 城市群重大公共安全事件应急指挥协同研究[D]. 武汉:华中科技大学,2016.

[36] 国务院应急管理专家组组长闪淳昌谈应急管理部的组建[J]. 劳动保护,2018(5).

[37] 关于经济建设和国防建设融合发展的意见[EB/OL]. [2022-7-20]. https://baike.baidu.com/item/关于经济建设和国防建设融合发展的意见/19477126.

[38] 国务院办公厅关于印发突发事件应急预案管理办法的通知[EB/OL]. [2022-7-20]. https://baike.baidu.com/item/国务院办公厅关于印发突发事件应急预案管理办法的通知/12640573?fr=Aladdin.

[39] 钱洪伟. 国家突发事件应急体系建设"十四五"规划设计若干思考[J]. 决策探索(中),2019,630(10):6-10.

[40] 5·12汶川地震[EB/OL]. [2022-7-20]. https://baike.baidu.com/item/5·12汶川地震/11042644?fr=aladdin.

[41] 张素丽,康泉胜,方元. 浙江省突发事件应急预案评价指标体系研究[J]. 中国安全科学学报,2012,22(10):25-28.

[42] 陈登伟,张永亮. 基于信息系统的指控能力成熟度研究[J]. 装备学报,2016(5):94-99.

[43] 何明,柳强,等. 指挥控制的新构想:企业的未来[M]. 北京:国防工业出版社,2016.

[44] 赵广超,张永亮.基于数据场的突发事件群体疏散应急决策仿真与评估研究[J].西安通信学院学报,2018(3):20-27.

[45] 杨洋.军地协同处置突发事件应急管理研究[D].昆明:云南大学,2013.

[46] 胡鞍钢.应对汶川特大地震灾害的几个阶段[C]//国情报告(第十一卷2008年(上)),2012:146-163.

[47] 栾盈菊.政府应对突发事件的管理协调问题:以2008年南方雨雪冰冻灾害为例[J].法制与社会,2008(8):205-206.

[48] SARS事件[EB/OL].[2022-7-20].https://baike.baidu.com/item/SARS事件/7702261?fr=aladdin.

[49] 那一年:2003年抗击非典疫情全程回顾[EB/OL].[2022-7-20].https://www.sohu.com/a/368331721_614718.

[50] 姜锋,周建华.高校突发公共卫生事件应对研究[J].人口与社会,2014,30(2):77-80.

[51] 万祥春.论中国公共卫生危机管理[D].上海:华东师范大学,2005.

[52] 肖仁义.突发公共卫生事件应急机制建设研究[D].郑州:郑州大学,2004.

[53] 夏瑞红.突发公共卫生事件的应对[J].中外医疗,2013,32(25):149-151.